富足

吳軍博士教你用 6 大底層邏輯，
認清世界的運作法則，成就理想人生

吳軍——著

高寶書版集團

目錄
Contents

目錄
Contents

前言：成為富足的人

從二〇一六年開始，我陸續出版了《見識》、《態度》、《格局》三本書，並且有幸受到廣大讀者朋友的認可。六年來，這三本書已經累計銷售三百萬冊，很多讀者朋友表示，讀了它們之後開始以一種更積極的態度看待生活了，這讓我倍感欣慰。因此，我覺得有必要把剩下的一些想法和大家講一講。見識、態度和格局，從某種程度上講，都是手段，這些手段的目的是要生活得好，工作上有所成就，簡單地講，就是實現富足的人生。

雖然每一個人獲得外在財富需要有大的運氣因素，包括出生的家庭與地點、生活的年代，以及各種機遇等，但是總的來說，收穫和付出是成正比的，或者說，獲得和貢獻是正相關的。運氣的因素很難把控，試圖控制運氣是徒勞的。很多人熱衷於算命，想控制那些運氣的因素，但很顯然，人的命運和算命的次數無關。**人所能**

改變的不是外界的各種因素，甚至不是他人，只有自己。把自己塑造成不同的人，就會得到不同的命運。

那麼人與人都會有哪些不同呢？人生下來就是一張白紙，先天的差異並不大，但是幾十年下來，大家就會有非常大的不同。有些不同對人的命運沒有什麼影響，無所謂好壞，無關大局，但是有些就不一樣了，比如對於世界規律的理解、知識的層次、決策的能力以及做事的方法等。

每一個人都有自己理解世界規律的方法，這些方法沒有對錯之分，但是需要長期有效。對我而言，數學思維是理解世界的一個工具。世界上的很多規律都可以用加減乘除來表述，比如我們應該盡可能地把自己的專長用到不同的領域，做到一通百通，這就是做乘法。只要財富累積比別人快的人，都是做了乘法的。但是乘法不能亂用，很多人在具有風險的事情上做乘法，結果不僅收益沒有翻倍，反倒是風險把自己淹沒了。

人一輩子難免要做各種選擇，選擇對了，有時比努力更重要。但是決策是一種能力，不是碰運氣，而決策能力又不完全能夠靠循序漸進的學習來掌握，因此很多人雖然有知識，甚至學富五車，卻經常在需要做決策時做出了最壞的選擇。要做正確的決策，最重要的是要有敬畏之心，什麼事情在自己的能力之外不能做，什麼事情不值得做，什麼事情有能力做卻不應該做。我在本書中舉了兩個例子：在投資中，試圖打敗市場的事情就不能做；只能獲得一時的收益，無法獲得長期回報的事情就不值得做。當然，違背道義的事情則不應該做。**把不能做、不值得做、不應該做的事情從我們的腦子裡清除，選擇就容易多了**。

知道該做什麼事情之後，也要講究做事情的方法。世界上可行的方法有千千萬，但要選擇一些適合自己的方法。有的人做事，是先動腦後動手，因此獲得了成功，但有的人則相反，他們習慣先動手、先嘗試，再總結經驗。這兩種方法沒有高下之分，但是並非每一種方法都適合所有人，也並非每一種方法都適合做所有事情。知道用什麼方法做什麼事情，是一種藝術，也是一種經驗。經驗是要靠累積才能獲得的，但是，很多人卻把經驗和經歷搞混了。人只要在社會上生活就會有經歷，簡單的、重複的經歷並不會產生豐富的經驗，只有將各種不同的經歷、越來越複雜的經歷經過大腦的思考總結，經過和他人的交流，才能變為經驗。

當兩個人對世界有了不同的理解，知識層次有了差別，判斷和決策的能力產生了不同，經驗的豐富程度也出現差異時，他們就是兩個不同的人了。有的人可能很快富足起來，有的人則可能忙碌一生，在生活和工作中都拿不出什麼成績。

當然，我說的富足不僅包含外在財富，也體現在精神層面上，後者比前者更重要，因為它能讓人感到滿足。古希臘哲學家伊壁鳩魯在論快樂時指出，快樂分成兩種，一種是動態的、短暫的快樂，另一種是靜態的、永恆的快樂。當人的物質欲望得到滿足時，就獲得了快樂，但那是暫時的。比如渴了喝水，餓了吃飯，累了休息，睏了睡覺，這些都是讓我們獲得快樂的事情。但這種快樂是短暫的、動態的，第二天我們還會渴，還會餓，還需要休息和睡覺。財富也是如此，它帶來的快樂是暫時的。當我們獲得財富時會感到快樂，會有富足感，但是當我們把錢花出去之後，這種快樂和富足感就消失了，甚至當獲得和過去同樣多的錢財時，我們的快樂其實也比不上從前，這也是很多人開始追求越來越多的錢財，繼而走向貪婪的原因。伊壁鳩魯認為，真正的快樂來自一種明智、清醒和道德的生活，換句話說，精神上的快樂才是靜態的、永恆的。同樣的道理，人只有在精神上感到富足，才是真正的富足。

在近代歐洲，有很多貴族或者富家子弟對知識的渴望遠遠超過對財富的追求。這些人最終開啟了人類的科學時代和思想啟蒙，也獲得了應有的榮譽，比如羅伯特．波以耳、愛德蒙．哈雷、伏爾泰、孟德斯鳩和安托萬－洛朗．德．拉瓦節等人。在他們生活的年代，他們就已經獲得了社會的尊重，今天我們依然在紀念他們，感謝他們對文明的貢獻。但是，同時代只追求權力和財富的貴族，今天已經沒人知道他們的名字了。因此，人在解決了溫飽之後，最終的快樂來自精神上的富足。

成為一個精神上富足的人並非遙不可及的事情，任何人如果能做好以下三件事，就有希望成為精神上的「富翁」。

首先，人需要認清自己。人類認識自身總是最難的。今天，人類能夠認識上百億光年外的宇宙規律，卻對人體的很多機能所知甚少。人能夠看到他人的問題，卻會忽視自己的毛病。一個人只有在認清自己之後，才能以開放的態度接受外面世界的輸入，才能增加自己的精神財富。

其次，要在「道」的層面上提升自己，而不是滿足於掌握一些「術」的技巧。一些人讀我的書、聽我的課，總希望找到一個「有用」的祕訣，一蹴而就，明天就能長本事。我沒有這個本事，也不相信什麼人有這樣的本事，因為任何在「術」層面的技巧都有很嚴格的應用場景，條件變了，那些技巧就不再管用了。人的學習可以從「術」開始，但最終要能夠悟「道」，在「道」的層面想清楚了，遇事就能做到「運用之妙，存乎一心」了。

最後，要從學習知識上升到獲得智慧。今天，人在知識上遠超前人，而且獲得知識也很容易，但是很多人有了知識卻無法活好一生，這種現象很普遍。其實，比知識更重要的是智慧，知識和智慧不能畫等號，因此今天一個學富五車的人在智慧上可能遠比不上古代的先哲。智慧是富於創造性的，不被有限所困，它面對無限的世界反而顯得生機勃勃，能夠創造出更多的知識。有了智慧，不僅獲得知識是一件相對容易的事情，而且能夠比同齡人站得更高、看得更遠。

作為這套叢書的收官之作，我希望《富足》這本書能夠帶給大家更深入的思考，幫助大家成為富足的人。

本書得到了鄭婷女士，中信出版集團的總出版人趙輝、總編張豔霞，編輯楊博惠、范虹軼、左亞琦和李瑤的長期支持和大力協助，因此，在本書出版之際，我向他們表示最衷心的感謝。我在寫作的過程中也得到了家人的支持和鼓勵，在此我對她們表達由衷的感謝。

01

理解規律

用數學思維認識世界

很多人一輩子都在做簡單的加法，他們雖然在進步，但是速度不夠快。有些人則是在做乘法，他們會用一項技能撬動一個很大的槓桿。我們知道，通常乘法比加法的結果要大。

很多人只知道世界上有正數，卻忘記了世界上還有負數，他們做事顧頭不顧尾，總以為自己能夠獲得，忘記了很多努力的結果反而會讓自己失去。

懂得這些道理並不需要太多高深的數學知識，只需要掌握數學思維，習慣於用數學的頭腦來分析日常生活中見到的各種現象，從而更好地理解這個世界的規律。因此，我們這一章就從數學思維談起。

做事永遠不要忽視負數

很多人在大學裡學完了高等數學的內容，回到生活中，其數學思維水準依然停留在小學階段，這不能不說是一種悲哀。

著名物理學家張首晟教授生前在矽谷做過一次報告，聽報告的都是工程師、創業者和投資人，我作為他的朋友也去給他捧場。在報告中，張教授問了大家一個問題：什麼數自己乘以自己等於四？大家都回答是二。張教授見我微笑不語，就問我答案是什麼，我說還有負二。

張教授之所以想到負二這個例子，是因為凡事都有對立的兩面，這是這個世界固有的特性。物質和能量是守恆的，有得必有失；電荷是守恆的，有正電就有負電；基本粒子經常會對應反粒子。理解了這一點，想問題才能全面。我能想到負二這個答案，則是出於對數學本身的理解。我在接觸負數這個概念之後，就明白了在思考正數的時候永遠不能忽視負數，這個習慣幾乎伴隨了我一生。

有了負數的概念，我們首先就必須明白，零不是最小的數。今天幾乎所有人都希望自己的錢越多越好，如果自己沒有錢，就會覺得世界糟透了，天塌下來了。其實在這個世界上，還有比沒錢更糟糕的事情，那就是欠了一屁股債，他們的錢就是負數。在美國，有八〇%的家庭處於負債狀態，雖然其中很多人有房子作為資產可以抵押，但是房子通常不能馬上兌現，而債則是要按月還的，更何況很多房子的價值其實抵不上房貸。

當一個人的淨資產是負數時，一輩子是很難翻身的。有一半以上的美國人，二〇%的稅前收入都用於還各種債，特別是房貸和信用卡的利息。他們的收入通常都不算高，如果再少二〇%，每天就只能忙忙碌碌地工作，然後把時間花在應付債務上，不可能去思考如何自我提升，改變自己的經濟狀況，更沒有什麼閒暇享受生活。在中國，其實也有不少人過著負債生活，甚至是一些曾經的首富。你經常會看到媒體報導某個首富破產的消息，其實他們早就資不抵債了，只是過去還沒到還債的時候。

有了負數的概念，我們就知道，每做一件事的時候，獲得的收益未必是正的，完全有可能是負的。

幾年前，一位國內小有成就的投資人到了矽谷，請業界的一些同行吃飯，我也被朋友拉了過去。席間大家互相介紹，別人介紹我說，這位是《數學之美》的作者。那位投資人因為當時成功地投資了幾家企業，志得意滿，得意揚揚地說，他只記得小學的數學知識了，不過做投資會加減乘除就夠了。我就問他，做投資有多高的收益？他說做了四年多的基金，有四五倍的收益。照理說，這樣的投資表現是非常好的，超過了九十九％的基金。不過我知道，他當初為了成立基金做投資，從某家著名的企業辭職了，當時他是那家企業的高管，手上拿著那家企業大量的股票。而他在辭職成立自己的基金時，按照規定把手上的股票轉讓給了其他投資人。於是我就說，世界上不僅有正數，還有負數，很多時候人們只看到前者，而忽略後者。一年後，他的前東家上市了，股價是他當初轉讓股票時的幾百倍。他如果還握著當時手上的股票，價值是他後來基金規模的數十倍。後來他又見到我，談吐中流露出遺憾，我也沒有說什麼，因為我知道，沒有負數概念的人在投資領域早晚要栽跟頭。幾年後，這個人已經淡出投資界了，聽說他的基金後來表現很不好，最後關閉了。

負數這個概念，大家最晚到國中時都會學到，而且從那時開始，高中再到大學課程中所有的數學題都可能出現負數答案。然而，在張首晟教授做報告的那一屋子聽眾中，學歷最低的也是大學畢業生，卻漏掉了負數的答案。這是為什麼呢？有人可能會覺得，是因為國中已經過去很長時間了，忘記了，不是什麼了不起的事情。其實，很多人雖然學了國中數學，卻沒有學通透，只記住了一些知識，而那些知識背後的意義完全不明白。學完國中數學，就必須一輩子記住：**世界上不僅有正數，還有負數**。這件事要刻在自己的基因裡，否則數學思維就還停留在小學水準。

即使不用金錢做投資，人的一輩子也是在不斷地用自己的時間和生命投資。自己每做一件事情，就可能產生一個結果，這個結果可能是好的，也可能是壞的，但是人們通常只會想到好的結果，忽視壞的結果。比如很多人總是說，朋友越多越好，多一個朋友多一條路。這句話聽起來似乎沒有問題，但是，朋友多了難免來不及鑑別，不僅會遇到益友，也會遇到損友，甚至會把損友當益友。

二〇二二年暑假，有一次我和一對朋友吃飯，他們的孩子培養得很好，我就問他們培養孩子的心得，他們也分享了一些經驗，比如十年前讀蔡美兒的《虎媽的戰歌》時受到的一點啟發。那本書講，如果孩子交了一個壞朋友，不到一小時，就會把你培養了孩子十幾年的好習慣毀掉。因此，他們特別在意讓孩子和好孩子交往，遠離那些有壞習慣的同齡人。我想這對夫婦和蔡美兒是有智慧的，懂得這個世界上不但有正數，還有負數。

不僅個人如此，即便是國家，糊裡糊塗地犯錯誤也是經常的事情。在過去的三十年裡，歐盟的經濟發展一直非常緩慢，不論是和全球經濟相比還是和經濟發達的北美相比都是如此。這裡有一個非常重要的原因，在一九九二年之後，它吸納了太多拖後腿的國家。歐盟成立於二十世紀的「冷戰」時期，主要是德國、法國等西歐國家為了加強經濟合作和提升國際市場競爭力而組成的聯盟。朋友多了，力量大了，就能夠在經濟上與當時的美國和蘇聯競爭了。在「冷戰」結束以前，它只包括十一個在西歐地區經濟發達的國家，以及希臘。當時歐盟的力量不斷壯大，成為世界經濟的第三極。但是在「冷戰」後，它迅速擴張，在英國脫歐之前，擁有了二十八個成員國。這樣做看似朋友多了，但是各國的水準良莠不齊，很多國家是在嚴重拖後腿。由於歐盟各項重大決定要全體成員國一致同意才能做出，因此在遇到危機時它就無法快速做出反應，以至於在二〇〇八年至二〇〇九年的全球金融危機以及二〇二〇年至二〇二二年的全球公共衛生事件中損失慘重。正是因為歐盟這樣的現狀，英國才要脫歐，以免被那些「負值」的國家拖累。

你與億萬富翁的距離

從小學到國中都有一個非常重要的數學概念：維度。如果你拿出兩根一尺長的香腸，再拿出一根一尺半長的香腸，讓七八歲的孩子挑選，他們肯定知道前一組香腸更多，因為連在一起前者顯得更長。如果讓他們從兩張直徑一尺的披薩和一張直徑一尺半的披薩中挑選一份，他們經常還是會挑選前者。儘管你給出具體的數字，讓他們計算圓的面積，他們都會得出答案，但是在現實中，遇到上述選擇問題時，他們還是經常會選錯。因為他們沒有維度的概念，不知道在二維的空間裡，每個維度增加一點，面積會增加很多。

我把直徑為一的圓和直徑為一點五的圓畫在了下一頁的示意圖中，單從直觀上看，還真不容易看出後者超過前者的兩倍。

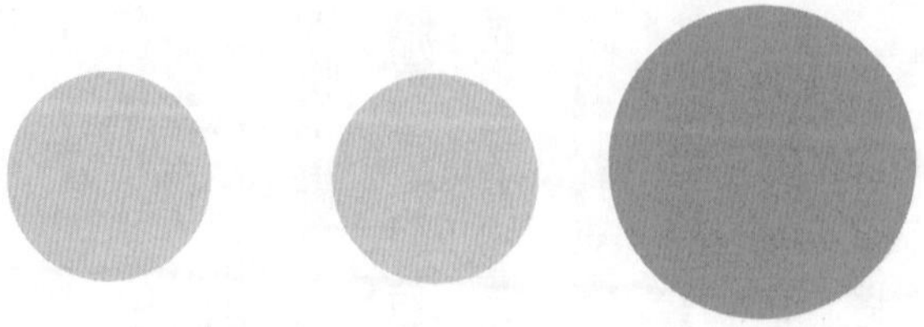

直徑＝1　直徑＝1　直徑＝1.5

到了三維空間，其實也就是體積時，很多人更是搞不清楚了，他們很難想像如果一個球的直徑增加一倍，體積可不只增大一倍，而是增大了整整七倍。等到了四維空間、五維空間，情況就更複雜了，每個維度增加一點，總量就可能增加很多很多倍。

因此，在工作中，如果遇到一個由很多維度的變數決定的複雜問題，我們要特別小心，因為它的複雜性通常會遠遠超出我們的想像，每一個維度變化一點，最後都會產生巨大的變化。懂了這個道理，數學思維水準至少就達到高中水準了。很多人雖然高中畢業，但依然會低估多維度問題的難度。我在得到的《矽谷來信》專欄裡談過一個問題，即登頂聖母峰、成為奧運會冠軍和成為億萬富翁哪一個更難？從數據來看，最後一個要難得多。但是幾乎所有人在認為成為奧運冠軍、登頂聖母峰與自己無緣的同時，總是還懷抱一個億萬富翁的夢。

為什麼成為億萬富翁非常難？因為成為億萬富翁是個人綜合能力、運氣和大環境綜合在一起的結果，是一個多維度的難題。拋開運氣和環境的因素不講，僅僅對個人綜合能力的要求就遠不是一般人可以達到的。今天世界上除了一部分靠繼承家業成為億萬富翁的人，剩下的幾乎無一例外，都是靠成功創業累積起財富的。而成功的創業者都是綜合能力非常強的人，他們不僅智商高、情商高，懂產品、懂市場，具有領袖魅力，還有過人的精力、判斷力和洞察力，遇到困難時能夠知進退，順風順水時懂得居安思危。總之，創業成功受很多因素的影響，哪一塊有弱點都不行。相比之下，成為奧運冠軍是單一維度的事情。登頂聖母峰雖然是個系統工程，但也是前人開創出了一條路，大家沿著這條路走的問題，因此，只要自身條件好，接受過科學訓練，並持之以恆，就能達成目標。

那麼為什麼人們會覺得成為億萬富翁相對容易呢？因為大家覺得，成為奧運冠軍要在一個維度上提高十倍，十倍的差異很明顯，大家看得見、體會得出來，因此很多人知道自己無法到達那個目標。但是成為億萬富翁似乎只要在每一個維度上提升兩三倍就夠了，兩三倍的差異讓很多人覺得，只要自己努力一番，似乎就能夠達到目標。豈不知，如果成為億萬富翁是一個十個維度的問題，想要在每個維度上都比其他人做得好兩倍，就需要提高六萬倍才行。即便每個維度都提高五〇%，最後也要提高五十七倍。

因此，每當遇到一個涉及很多因素的複雜問題時，我從來不敢低估它的難度。寧可一開始把困難想得多一點，也不要到後來才發現，因為自己的輕敵，最終任務無法完成。懂得這個道理並不需要學習多麼高深的數學課程，只要真正學懂國中數學，讓自己的數學思維超越小學水準就可以了。

那麼，學了大學的高等數學有什麼用呢？或者說怎樣才算是擁有大學水準的數學思維呢？我們來看一個具體的例子。

我們都知道「一分耕耘，一分收穫」的道理，但是平心而論，有多少人真的相信這個道理呢？其實很多人是不相信的，因為他們覺得自己不斷付出，卻鮮有收穫。其實，「一分耕耘，一分收穫」的道理是成立的，而很多人沒有得到想像中的收穫也是事實，那麼為什麼會出現這樣的矛盾呢？這還是要從數學思維入手來解釋。

很多人理解或者希望的是：耕耘和收穫的關係是一種簡單乘法的關係，一分耕耘一分收穫，三分耕耘三分收穫，如果十分耕耘，就期待十分收穫。因此，當他們付出一分努力的時候，就希望馬上看到結果。

其實，耕耘和收穫的關係是積分的關係。耕耘或努力是我們在學習和工作中的行動力，它會產生一種進步的加速度，就如同你踩油門會讓汽車產生加速度一樣。但是大家在開車時都知道，從獲得加速到高速行駛，需要時間累積，接下來，需要高速開足夠長的時間，才能跑得足夠遠，也才能把其他人甩在後面。在學習或工作中的努力也是如此。努力一段時間，能力才能提高，知識儲備才能逐漸累積起來，然後，再用知識和能力努力工作或學習一段時間，才可能收穫好的結果。這就是積分效應，也被稱為「飛輪原理」。

很多人努力了幾天時間就急於看到結果，這如同只踩了一腳油門就希望車能夠快得飛起來，顯然違背了世界的規律。當沒有看到結果時，一些人就放棄了，然後又把時間和精力花到另一件事情上，這樣反覆幾次，自然收穫不到什麼成果，於是他們開始懷疑自己的運氣不好，或者懷疑「一分耕耘，一分收穫」的說法不對。

很顯然，「一分耕耘，一分收穫」的說法沒有問題，他們的運氣其實也並不比其他人差，只是他們不懂得積分效應，不懂得很多事情是要靠時間累積才能辦成的。對沒有學習過微積分的人來說，理解累積的意義和積分效應可能有點難度，但是學了大學數學後還體會不到這一點，就說明在數學思維上沒有長進。

我在這裡不是想教大家數學，而是用數學思維這個工具來說明世界上的一些道理，以及做事情時的一些方法。數學思維的背後其實是「理性」二字，無論是懂得負數的存在，還是理解維度的意義和積分效應，其實多是在用理性思考來做判斷。

接下來，我們就以基本的數學知識為切入點，了解一些理性而有效的做事方法。

做減法比做加法重要

人類有一個特點，就是喜歡多不喜歡少，喜歡獲得而不喜歡捨棄，因此人們通常喜歡做加法而不喜歡做減法。然而世界上很多事情卻是要靠做減法才能完成的。

據我的老朋友、曾經在蘋果公司早期擔任副總裁的邁克爾．穆勒先生回憶，一九九六年賈伯斯回到蘋果公司重新擔任執行長時，看到白板上畫了十四條產品線，他拿起筆，劃掉了其中的大部分，最後只剩下四條。正是靠做減法，賈伯斯從死亡線上救回了蘋果公司。

二〇二三年全球市值最大的五家公司分別是蘋果、微軟、沙烏地阿拉伯國家石油公司、字母控股（Google的母公司）和亞馬遜。它們的市值都達數兆美元，年收入都在兩千億美元以上，但是這五家公司的產品線都非常短，幾乎一個巴掌就能數出來。相比之下，有的集團公司產品線長得不得了，光控股的上市子公司就有十幾家甚至更多，但無論年收入還是市值，都不如這五家公司任何一家的零頭。

無論是個人還是企業，想要把自己的成就最大化，或者把自己的利益最大化，都需要做減法，而不是做加法。

集中精力做好一件事

我們先來說說個人。

每一個人的精力是有限的，能做事情的總量也是有限的，這時人就有兩個選擇，要麼追求數量，要麼追求把事情做好。如果是追求數量，最理想的狀態就是收到的效果和所追求的數量成正比。你如果為自己設定了三個目標，三個目標都實現了，你的成就就是三；設定五個目標，五個目標都實現了，你的成就就是五。因此，很多人就會根據這個邏輯自然而然地想做加法。

但是上面說的只是最理想的情況，而且通常只對簡單任務有效。我們都知道，做任何事情，幾乎只有當成本的投入超過一定的臨界值後才能取得效果，而當成本投入不足時，效果就是零。比如運動，無論是想消耗體內的脂肪還是想訓練心肺功能，都必須超過十分鐘才會有效果。如果只練習三五分鐘就停下了，然後過一會兒又練幾分鐘，時間是花了，但基本上沒有任何作用。讀書也是如此，人們通常五到十分鐘後才能進入深度思考狀態，如果一本書拿起來看幾眼就放下，或者讀書的時候看兩頁就找人聊天去了，看似花了很多時間，其實效果很差。

因此，如果一個人同時做的事情過多，而在每一件事情上的投入都沒有超過開始產生收益的臨界值，那麼所有的事情都做不成，也就是說，時間和精力花了很多卻沒有效果。今天很多中小學生在課外上了很多才藝班，從體育到藝術再到STEM[1]，但等他們高中畢業時卻沒有培養出什麼特長。雖然說什麼活動都嘗試一下，發現自己天賦的機率比較大，但是因為精力太分散，每一項投入都沒有達到獲得收益的臨界值，因此效果加起來為零。

即便我們在每一件事上的投入超過了獲得收益的臨界值，也並非做的事情越多

1 STEM 是科學（science）、技術（technology）、工程（engineering）、數學（mathematics）四門學科英文首字母的縮寫。

越好，因為這裡涉及做事品質的問題。為了方便說明數量和品質對收益的差異，我們用可量化的例子來加以說明。

同樣是一個品質上乘、結實耐用、功能齊全的手提包，Coach 只要一兩百美元，愛馬仕則要一兩萬美元，一些限量版甚至會到十萬美元。很顯然，這兩個產品的成本不會差到幾百倍，但售價卻是天壤之別，這不僅僅是因為物以稀為貴，一些小眾品牌的手提包一年的銷量還不如愛馬仕，價格照樣上不去。世界上的很多東西，品質、藝術水準差百分之幾，價格就差了好幾倍。

不僅東西如此，人也是如此。俄羅斯著名物理學家、諾貝爾獎得主列夫·朗道把物理學家分為五個等級，每差一級，貢獻和影響力就差一個數量級。在朗道的名單中，尼爾斯·波耳、維爾納·海森堡和埃爾溫·薛丁格等少數奠定了現代物理學基礎的科學家是第一級，勉強稱得上是物理學家、剛入職的大學老師，也就是西方的助理教授是第五級，再往下就不能被稱為物理學家了。第一級物理學家的貢獻是第二級的十倍，第二級的又是第三級的十倍，依次類推，這樣第一級物理學家就是第五級的一萬倍。至於朗道的等級理論為什麼成立，我們會在這一章的最後予以分析，這裡我們不妨先承認物理學家之間確實有這麼大的差距。

後來我發現，在幾乎所有的專業領域，朗道的等級理論都成立。在資訊科技領域，能夠開創一個新產業的工程師和電腦科學家當屬第一級，比如提出電腦演算法標準，開創了演算法這個研究領域的高德納當屬第一級，而一個普通的合格工程師最多算是第五級。今天世界上一些頂級的工程師，比如打造出Google自動駕駛汽車的安東尼·列文多夫斯基，以及發明了Google雲端運算和深度學習工具的Google大腦的傑夫·迪恩都接近第一級。他們的貢獻和被我們戲稱為「碼農」的普通軟體工程師相比，相差甚至不只千萬倍。當然，貢獻大也會伴隨著收入高。列文多夫斯基在Google工作了六年，賺了一點二億美元，平均一年兩千萬美元，和普通「碼農」相比，也差了上百倍。

因此，如果一個人從事兩份工作，花兩倍的時間，即便能夠做到互不干擾，最多收入增加一倍。如果他只做一份工作，但屬於高水準的，可能收入會增加好幾倍。今天我們經常會看到一些報導，很多底層的民眾不得不打幾份工維持生計。這些人非常可憐，而他們可憐的原因是每一份工作的收入都不高，幾份簡單的工作頂不上一份有難度的工作。

今天很多人想成為「斜槓青年」，醉心於跨界，其實如果只是在低水準上做事情，哪怕做了好幾件事情，哪怕那些事情屬於不同的領域，對社會的貢獻也依然非常有限，因為幾個很小的數值加在一起也不會太大。因此，與其整天想著在名片上多加幾個名詞作為自己的身分標籤，不如在自己的身分標籤之前加上「資深」或者「著名」這樣的形容詞。**今天，絕大部分人需要做的不是加法而是減法，不是在低水準上複製，而是把力量集中到一點，實現等級的躍遷。**

做減法的意義

接下來我們說說企業。

在賈伯斯回到蘋果之前，蘋果有一堆產品線，但是幾乎沒有哪個產品是盈利的，因此賈伯斯才要砍掉其中的大部分，集中資源做出幾個能盈利的產品。但是很多企業家卻想不清楚這個道理，總覺得市場上有那麼多錢，自己不賺就可惜了。

今天，大部分初創公司的創辦人在談他們的計畫時，都要讓自己顯得無所不能，都有龐大的商業計畫。他們談論的以及所做的經常是全面挑戰行業裡現有的企業，甚至想顛覆整個行業。企業家有點雄心是好事，但通常的結果都是事與願違。一個初創企業，各方面的資源都有限，又沒有現成的產品和市場，照理講不該做太多事情。那些一開始就把攤子鋪得很大的企業，幾乎無一例外都以失敗收場，而且失敗得特別快。相反地，那些能夠聚焦於一點，把一個看似小的問題解決到極致的初創企業，即便最終不能做到成功上市，也會因為自身有特定的價值而被大企業收購，這些企業的成功率要高得多。

因此，幾乎所有的風險投資人和機構，包括我本人在內，在投資前都會要求初創公司把自己的任務清單盡可能地精簡，減到無法再減為止。我在《格局》一書中舉了不少這樣的例子。很多時候，創始團隊不願意這麼做，因此會和投資人產生矛盾，他們會覺得投資人限制了他們才能的發揮。但事實證明，當創辦人意識到做減法的意義，並且能夠把心思放在做出具有代差的產品上時，他們就接近成功了。

二〇二〇年全球公共衛生事件期間，美國有兩家公司特別受關注，一家是全球視訊會議公司 Zoom，另一家是送餐公司 DoorDash，後者還在二〇二〇年成功上市。這兩家公司規模都不大，但市占率非常高，這既得益於很多人不得不在家辦公並且無法到餐館用餐，也是因為這兩家公司長期堅持只做好一件事。以視訊會議為例，這個市場有很多家實力非常強的競爭對手，比如 Google、微軟和思科，其中 Google 做視訊會議的歷史已經將近二十年了，因此這些企業有更強大的全球基礎架構，更多的資金和工程師，而且它們雲端運算服務的客戶就是現成的市場。但是 Zoom 在全世界範圍內更受歡迎，而且發展得更快。

為什麼 Google 和微軟這樣的企業做不過小得多的 Zoom 呢？有人專門一項一項地比較了微軟的視訊會議產品 Teams 和 Zoom。微軟的產品是所謂的一站式服務，即把所有的線上功能都集成到視訊會議系統中，而且能夠使用非常多應用程式，而 Zoom 只是一個視訊會議系統，沒有其他功能。但是，在涉及視訊會議的各項指標上，如使用的方便性、使用者客製化選項、影像品質（特別是低速網路的影像品質），以及會議規模等方面，Zoom 都超過微軟的同類服務。作為掌握了全球個人電腦市場的企業，微軟有太多個人電腦級別的軟體需要集成到它的視訊會議系統中。Zoom

也可以選擇做同樣的事情，但是它選擇了做減法，寧可少一些功能，也要把核心功能做好。

那麼一家企業做大之後是否可以再多做一些事情呢？通常，在自己不擅長領域的擴張是大企業由盛而衰的開始。假如有這樣兩家企業，一家企業在某個領域的市占率做到了絕對第一，另一家企業在十個領域做到了市占率第二或第三，哪家企業會發展得更好呢？幾乎無一例外的是第一家。這就如同在每屆奧運會之後，人們能記住的只有得金牌的人，而不是得了十塊銀牌的人。

我在《浪潮之巔》中講了一個「70－20－10」定律，也就是說在很多市場上，第一名要拿走整個市場七〇%的利潤，第二名能獲得二〇%的利潤，其餘所有的競爭者只有不到一〇%的利潤。當然在一些相對傳統的行業，比如製藥行業，似乎各大藥廠的規模和產值差不多，但是在每一類特定的藥品上，依然遵循這個規律。我弟弟吳子寧在半導體行業從業二十多年，擔任過邁威爾科技的技術長，對這個領域有非常全面的了解。他說在半導體行業的任何一個細分市場中，第一名盈利，第二名勉強打平，不賠不賺，剩下的一律虧損。因此，任何一家大的半導體公司，諸如英特爾、輝達和三星，其實真正最具競爭力的產品只有一兩個。

無論是個人還是企業，從心理感受上來說，做減法都不是一件容易接受的事情，特別是已經投入了時間、精力、金錢和其他成本之後。最有智慧的人會慎重地開始每一件事，以免耽誤自己做最重要的事情，也為了避免不必要的浪費。次之的人，在意識到自己的時間、精力和資源被分散後，會理智地做減法。世界上那些百年老店，在歷史上都經歷過做減法的痛苦，但正是因為它們做了減法，因此可以生存到今天，而與它們同時代的大部分企業都早已消失得無影無蹤了。

那麼，對個人來說，做減法時該捨棄什麼呢？日本暢銷書作家山下英子在《斷捨離》一書中給了一個很清晰的原則：你想過什麼樣的生活，就保留相應的東西，放棄那些和你心目中的生活無關的東西，因為你實際上不需要它們。做事情也一樣，問問自己的目標是什麼，一個人不可能東西南北所有方位都是目標，那樣的話只會寸步難行，更談不上有任何進步。和目標沒有關係的事情，就應該透過做減法刪掉。

善用槓桿，事半功倍

上一節我們談了減法的重要性，實際上做減法還有一個非常重要的目的，就是便於做乘法。我們在國小學習乘法時都會有一個感覺，就是絕大部分時候，做乘法的結果要比做加法大得多。比如三加四等於七，但是三乘四等於十二。如果兩個運算數增加，加法和乘法的差異就更大了。比如七加八等於十五，但是七乘八等於五十六。乘法代表了生活中的放大效應。

槓桿是把雙面刃

今天全世界都有一個現象，就是很多國家、很多企業在負債經營。為什麼這麼做呢？因為在這種情況下，經濟成長的速度或者企業成長的速度會快一些。

我們假定一家企業在資金充足的條件下資本的報酬率是一〇%。它如果有一億元的資金，一年可以賺一千萬元，如果它能夠以五%的利息再借一億元，就能賺到兩千萬元，扣除利息依然有一千五百萬元。這就是做乘法帶來的好處。這種做法在經濟學中有一個專門的說法，叫作加槓桿（Leverage）。我們知道，槓桿的一頭會很長，它可以用較小的力量撬動較重的物體。槓桿作用力一頭的力臂和重物一頭的力臂比越大，同樣的力撬動的重量也就越大。在上面的例子中，如果那家企業有本事借到兩億，它在支付利息之前就能賺到三千萬元，這就是槓桿的作用。

那麼為什麼不能把槓桿加得很大，甚至無限加下去呢？因為在真正的經濟活動中，無法保證資本的回報一定是正的，它有可能是負的。當一家企業生產的東西太多，打亂了供需平衡，價格就會下降，利潤也就沒了，甚至虧損，這用我們前面講到的負數思維就很容易理解了。另外，當它借貸太多時，市場上無錢可借，借貸的成本就會上升，付出的利息就不是五%了，可能是一〇%甚至更高。這兩種作用力都從客觀上限制了在經濟活動中的槓桿不能加得太大。

因此，那些成熟市場的國家、百年老店、有經驗並且尊重經濟規律的管理者，都會嚴格控制債務的規模。比如，巴菲特就強調永遠不要用槓桿投資，他在總結波克夏海瑟威過去六十多年的發展歷程時說，在這六十多年中，雖然總體上市場是向上發展的，但是有六次股市的跌幅在五〇％以上，所以他的公司哪怕是加了一倍的槓桿投資，也早就被清倉出局，不可能有後來的成就了。

但是一些突然崛起的企業、一些新興經濟體、一些初入商場無知無畏的經營者，為了追求高速成長，經常把槓桿加到最大。在經濟形勢比較好、資本比較寬鬆的時候，它們看似發展得很好，可是一旦有點風吹草動，它們實際上就是用很大的槓桿乘以了一個負數，迅速爆雷。二〇一五年至二〇一六年的中國股災期間，有大量的散戶就是因為這樣加槓桿，在一夜間被清倉出局，他們不僅失去了一輩子的積蓄，其中很多人還欠了一屁股的債。可見，做乘法是把雙面刃，並非永遠都會帶來好處。

加槓桿的條件

人想要一輩子做別人幾輩子的事情，多多少少要學會做乘法，加點槓桿，但是槓桿怎麼加是有講究的，比如在股市加槓桿炒股的做法顯然行不通。在講加槓桿的方法之前，我們先要講講做乘法或者說加槓桿的基本條件，就是同一類的東西可以相乘，不同類的只能相加，無法相乘。

比如一筐柳丁大約有十公斤，你有五筐同樣大小的柳丁，你可以大致地用十乘五等於五十估算出總重量，這樣你只秤一筐的重量就可以了，不用一筐一筐地秤。但是如果你有五筐不同的水果，除了柳丁還有蘋果、橘子、香蕉等，就不能簡單地拿出一筐秤一下然後乘以五，而必須一筐一筐地秤，最後再做加法。

假如你開了一家工廠，如果每一個產品都是特殊訂製的，做第一個產品和第二個沒有關係，你是無法做乘法的，只能做加法。想要多一份收入，就要多花一倍的時間，多花一倍的成本。但是如果每一個產品都能很容易地被複製，比如數位產品的複製或者自動生產線產品的生產，那麼就獲得了乘法的效應。傳統工業品複製的成本是很高的，可能占到了產品售價的一半，因此傳統工業並不容易出現贏者通吃的全球壟斷。但是資訊科技產品、生物製藥產品則不同，它們一旦研製成功，複製的成本就可以忽略不計了，因此就形成了壟斷。

對個人來說，不管是工匠還是科學家，只要能把一個本領練到極致，在一個領域做得出類拔萃，就會有很多人請他用自己的專長來做事情。他們解決一個問題的努力，就可以重複地用來解決類似的問題，而不需要從頭再來，這就是在發揮槓桿的作用。比如你是一個被業界認可的建築師，你最初設計第一棟房子的思想就可以複製到各種建築設計中。對建築師來說，創造出思想是最花功夫的事情，畫圖反而是低成本且容易完成的事情。比如，著名的建築設計大師貝聿銘為羅浮宮設計的玻璃金字塔獲得認可之後，又把類似的設計思想用在了很多著名建築的設計上。

用好槓桿的兩個因素

善用槓桿的人，能夠把一個技能反覆使用，用一句普通的話講就是能做到「一魚三吃」。不善於用槓桿的人，每做一件事都要從頭開始，每一件事都是在做加法，加法自然沒有乘法做得快。能否用好槓桿取決於兩個因素：一個是事情本身，另一個是人本身。

先說說事情。有些事情做好了，則容易加槓桿增加收益或者擴大影響力，有些事情則不具備加槓桿的可能性。比如，你主修的是數學或理論物理學，那麼研究生階段就可以選擇幾乎所有理工科的專業，只要再補兩三門專業課就夠了。二戰後從事生物學研究的一大批生物學家，原本是學習物理學的，後來因為看到原子彈爆炸對人類造成的傷害，或者讀了薛丁格《生命是什麼》那本書後受到了啟發，轉而從事生物學研究了。今天在華爾街從事金融的，很多是學習數學和理論物理學的，也就是說，打好數學或者理論物理學的基礎將來有可能做很多事情，因為這兩個學科教給人的都是最底層的邏輯。相比之下，如果在大學主修的是某一個專業特定的技能，換一個專業幾乎就要從頭做起。這也是我一直強調的，如果條件允許，在打基礎階段要做好通識教育，因為通識教育所獲得的知識適用範圍非常廣。

即使在一個特定的專業內，有些知識也具有可重複運用的價值，有些則屬於狹窄領域的特定知識，對其他領域的幫助不大。以電腦行業為例，所有課程或者知識都屬於下面三種中的一種：和系統有關的，和演算法有關的，以及和應用有關的。前兩種學起來比較難，但是具有槓桿效應，學好了之後一通百通；最後一種知識最實用，學會了馬上就能工作賺錢。很多人改行學電腦，為了盡快看到效果，都會去學最後一種與應用有關的知識，但是這些知識的可重複運用性比較差。一個沒有演算法和系統基礎的人，會發現自己那點應用知識過時得特別快。今天從事資訊科技工作的人會出現「三十五歲中年危機」，原因不難理解，他們掌握的知識不具有槓桿效應，而且其價值每三五年就衰減一半。相反地，一些受過科班訓練、基礎扎實的從業者就沒有這個問題，因為他們知識的基礎是演算法和系統。我經常強調求道的重要性，因為道是可以應用於各種場合的，但是大部分人只看重對自己當下有用的術，術通常都是有針對性的，做不了乘法。

再說說人。世界上有兩種人，一種人熱衷於解決具體的問題，另一種人熱衷於發明一種解決同類問題的機器，然後讓機器把所有的問題都解決了。前一種人做事情基本上是加法思維，後一種人則是乘法思維。世界上第一個製造出和圖靈機等價的電腦的，並非美國二戰時研發電子電腦的那批科學家，而是德國工程師康拉德·楚澤。楚澤原本的工作是計算飛機設計中的工程問題，當時他用的工具是計算尺和數學用表。楚澤發現大部分問題用的公式都差不多，只是把數據換一換，但是這樣的計算每一次都很花時間。楚澤就想，應該製造一種機器，讓它根據公式自動計算，於是他離職發明了德國的電腦。類似地，美國當初研製電子電腦也是出於同樣的考慮，即為了計算遠端火炮的彈道。由於那些計算問題有很大的相似性，因此科學家想發明一種機器來完成它們，而不是一個問題一個問題地手工計算。

當然，製造一種機器只是一種比喻，並非所有的問題都需要新造一種機器來解決，我們只是用這個比喻來說明思維方式的不同。eBay、Google和Meta這幾家企業早期的成功都是靠搭建了一個自助平台，顛覆了原來大量依賴手工勞動的行業。以Google為例，它主要靠廣告賺錢。在Google之前，拉廣告是銷售人員的事情，想要多一份廣告收入，就需要增加一個銷售人員，這樣成本很高。Google革命性的地方在於，它做了一個基於搜尋關鍵字和內容關鍵字的廣告系統，讓廣告商可以自己投放廣告，這樣即使在員工晚上都睡覺後，它還能賺錢。有些公司學到了Google的皮毛，也做了類似的廣告系統，卻大量依賴人力進行銷售，這就是在做加法，而不是做乘法了。時間一長，它們和Google的差距就越來越大了。類似地，阿里巴巴的成功在很大程度上是依賴淘寶這個自助系統，大家自己把東西拿到淘寶上去賣，阿里巴巴不用進貨，不用操心物流，於是就可以躺著賺錢了。

遇事該做加法還是做乘法，其實反映出人的兩種不同的思維方式。有些人一定要強調每件事的特殊性，他們就習慣做加法；有些人則能看到事物之間的共通性，他們就會透過做乘法極大地提升效率。

當然，大家可能已經發現，很多事情是無法做乘法的，比如你要做兩件完全不同的事情就無法使用槓桿，做到「一魚三吃」。這也是我們前面強調要做減法的原因。我們不妨把自己想做的事情和不得不做的事情列一個清單，把那些和其他事情相關性小的、重要性差的事情統統刪掉，集中精力把那些能夠做出乘法效應的事情做好。

破解三十五歲中年危機

過去很多人會擔心遇到事業發展的天花板，也就是說在步入中年之後，自己的職業發展遇到了瓶頸，職級和收入再也無法提升了，這讓那些在此之前事業不斷發展的人倍感失落。畢竟人在習慣了越來越好的生活和職業發展之後，陡然進入停滯階段肯定會不舒服，不過，當大家看到其他同齡人都遇到了職業發展的天花板，慢慢就會心安理得了。

近幾年，上述情況似乎變得更糟了。很多人在自己年富力強時就被公司以各種方式掃地出門了，情況好一點的會被公司閒置在那裡。這正是上有老、下有小，房貸還沒有還完的時期，很多人一下子就從陽光明媚憧憬生活的春天掉進了寒冬的冰窟中。

這種情況一開始只是個別現象，但是近年來卻越來越普遍，就連過去幾十年不斷擴張、福利待遇不斷提升的知名大企業，也就是所謂的「大廠」，也開始以各種方式「請退」那些三十多歲、有豐富工作經驗、精力依然旺盛的老員工了。於是就有了所謂的三十五歲中年危機。

根據二〇二二年一月十日《中國新聞周刊》（總第一〇二八期）的報導，二〇二一年十一月九日，騰訊公司以關懷老員工的名義，制訂了一項「請退」老員工的福利計畫。

根據這個計畫，凡入職滿十五年的員工可以選擇「提前退休」，並享受退休福利。這項計畫包括六個月固定薪資的「感謝金」，外加「服務年限金」和「五〇%的未解禁股票期權」中任選其一的福利。

對於這個措施，有人樂觀地解讀為，「大廠」積極地、人性化地解決員工的「中年危機」。但是大部分人卻笑不出來，因為一個人工作十五年，通常還不到四十歲，就已經不受雇主歡迎了，將來肯定會面臨無事可做的困境。「大廠」尚且不願意養活他們，指望那些經營情況還不如「大廠」的公司養活這些人就更不實際了。

為何三十五歲容易產生危機

通常，如果一個員工創造的價值大於他在公司裡享受的薪酬福利，公司是希望他留下來的，特別是沒有人員總數的限制，更沒有薪酬總額上限的企業。一家企業如果只有少數貢獻小於薪酬福利的老員工，通常也不會拿他們開刀，因為這麼做帶來的社會影響不好，省下的那點薪酬遠遠無法彌補企業在社會形象上的虧損。只有一個公司出現大量「淨績效」（收益減去支出）為負數的員工時，才需要冒著犧牲形象的風險，大規模「請退」老員工。畢竟對私營企業來說，裡子比面子更重要。

其實早在幾十年前，中年危機現象在美國就已經出現了。對於市場化國家，通常每十年左右會陷入一次經濟發展的衰退或者停滯期，然後「大廠」就開始裁員，裁員的對象除了同事關係非常差的員工，主要是剛入職的新員工和職級已經無法提升的老員工。剛入職的員工通常還沒有熟練掌握工作技能，對業務不熟悉，產出不夠高，而且裁撤時支付的福利較少，因此首先成為每次裁員的對象。而在一個職級上停滯很長時間的老員工，因為薪資高，但貢獻並不比年輕十歲的人更多，被裁掉也是合情合理的。只不過，美國「大廠」「請退」的通常是五十歲以上的老員工，不會拿三十幾歲的人開刀，因為後者還「正當年」呢。

造成全社會出現三十五歲中年危機的現象，那些「大廠」顯然是直接原因，但是單純指責它們也解決不了問題。顯而易見，即使那個「大廠」特別「宅心仁厚」，把大量的「淨績效」為負值的老員工留下來，這家大廠也會很快因為缺乏競爭力，甚至虧損而倒閉，最後大家都會失業。二十多年前，當整個歐美電信行業陷入發展危機時，思科和朗訊等知名企業透過裁員，尤其是辭退老員工的方式活了下來。而當時非常有名的加拿大北方電訊公司，因為所在國家限制大規模裁員，最後不得不倒閉了。因此，要破解三十五歲中年危機，還需要從員工自身的角度出發，找到發生這種現象的原因。

我們先說說什麼不是原因。

首先，加班文化不是原因。有人覺得這是因為年輕人肯加班，工作更努力，因此淘汰了他們的前輩。其實根據我的觀察和很多企業給我的回饋，絕大部分人加班其實是被要求不能早下班，效率也非常低，當然少數目標非常明確的初創公司除外。

實事求是地講，無論是美國還是中國，一萬人以上的「大廠」裁員一半，公司營收都不會減少一分錢。因此，如果一個三十多歲有經驗的員工還能按照正常的工作強度工作，會比剛畢業的年輕人好很多，因為後者的經驗尚不足以應對複雜的任務。

其次，關於三十多歲的人變成了職場老油條的說法也不成立。大家不妨看看周圍，今天三十多歲的人絕大多數還非常敬業，而且敬業程度經常超過年輕人。

接下來我們就說說原因。

這主要是因為一大批三十多歲的人知識結構老化，他們技能的價值貶值得很厲害。一個專業人士在公司裡的競爭力或者說產出的效率基本上由兩個因素決定：一個是知識、技能和經驗的總量（K），為了簡單起見，後面簡稱它們為「技能」；另一個是這些知識、技能和經驗的單位價值（V）。競爭力基本上等於這兩個因素的乘積。當然，我們這裡假設每一個人都是在盡職盡責地工作，這樣才有可比性。技能的總量是隨工作年資增加而穩步成長的，但是它的單位價值卻是快速下降的。我通常會用下面兩個公式來近似技能Kt隨時間成長的情況，以及單位價值Vt隨時間衰減的情況：

公式（1） $K_t=K_0+rt$

公式（2） $V_t=V_{t-5}/2$

在公式（1）中，K0是開始工作前已有的技能，它通常就是人們走出校門時的知識，r是每年獲得的新技能速率，它和具體的人有關，有時會快一點，有時會慢一點，為了簡單起見，我們就認為它是一個恆定的常數。t是工作的時間，Kt就是工作了t年後技能的總和。從公式（1）可以看出，如果一個人不斷學習、不斷進步，技能就會不斷提升，就會從新員工變成熟練工，最終成為技術專家。

在公式（2）中，Vt表示工作t年後，那些知識、技能和經驗貶值的情況，這裡我假設五年技能的價值貶值一半，也就是說五年前掌握的技能放在今天只有一半的價值。為什麼技能會貶值呢？這主要有兩個原因：一方面，隨著行業的發展，一些技能不再有用了；另一方面，只要值錢的技能就會有很多人來學，掌握它的人多了，自然就不值錢了。當然有些技能貶值得較慢，有些貶值得較快，我設定五年，一方面是為了便於大家理解，另一方面，在資訊科技領域，熱門的新技術通常不超

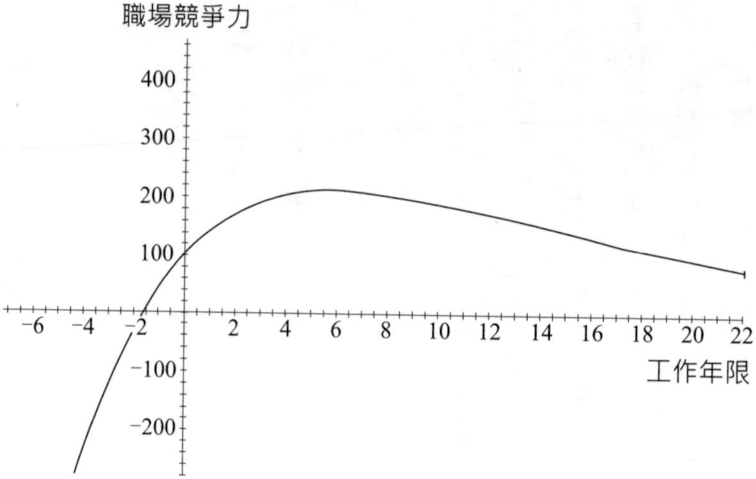

過五年就會變成大家都掌握的技術了。因此，五年的時間也可以看成是技能的半衰期。

如果一個東西的價值過一段時間就除以二，衰減是極快的，十年後就只剩當初價值的四分之一，二十年後只剩十六分之一了。當然有些行業發展得相對緩慢，比如醫學行業和法律行業，半衰期會比較長。然而哪怕是半衰期較長的行業，今天的人也不要指望在工作中不學習就能靠已有的技能工作一輩子。

最終，一個人在職場上真正的競爭力或者說做事的能力，其實是技能Kt和它們的價值Vt的乘積。我們不能光看一個人知識、技能和經驗有多少，還要看他掌握的是什麼知識和技能，放在今天是否有價值。

如果把這兩個因素放在一起，就可以用右邊這個曲線圖來表示一個人在不同工作時期的競爭力。在這個曲線圖中，橫坐標代表工作年限，縱坐標表示職場競爭力，其實就是Kt和Vt的乘積。原點的位置是剛出社會時的情況，這時的競爭力來自一個人在出社會之前所接受的教育和已有的經驗。大家不必在意原點左邊的半條曲線，它在現實中沒有意義。

我們可以看出，一個人在正式工作之後，他的競爭力是在不斷提升的，因為他在不斷學習新的知識、技能和經驗。由於工作中所需要的技能和學校所教授的有很大區別，在工作的前幾年，技能的提升非常明顯，一些新人兩三年後就能開始獨立完成很多工作了。這時，知識價值衰減的效果還沒有顯現，因此，人們會有一種錯覺，覺得自己會越發展越好。但是，此後競爭力上升的曲線就開始放緩，因為這時人的技能總量雖在增加，但每年新學到的技能在總量中的占比卻相對減少，而技能價值衰減的速度是恆定的，到了一定時期，競爭力就往下走了（在這張曲線圖中為第六年的情況）。當然如果一個行業的技能半衰期比較長，這個峰值會出現得晚一些。如果一個人能夠無限制地工作下去，最終競爭力大約相當於最後一年獲得的技能總量乘以半衰期的長度。比如，你所在行業的半衰期是五年，你最近五年獲得的技能就決定了你的競爭力。

因此，一個人在峰值過後，雖然知識、技能和經驗還在增加，但是趕不上它們價值衰減的速度，這就是很多三十五歲左右的員工，一方面認為自己依然非常努力地在學習，另一方面卻感到力不從心的原因。他們的技能水準在提升、經驗在成長是事實，但是以往累積的技能和經驗在貶值也是事實。也就是說，雖然大家在不斷地做加法，但是這個世界本身產生了一種除法的效果，抵消了加法帶來的成長。這就解釋了為什麼很多人剛從大學進入職場的前幾年進步顯得很快，而且會伴隨著職級的晉升和收入的提高，然後進步的速度會趨緩，甚至下降。

在過去，知識的更新速度不是很快，技能保值的時間比較長，再加上經濟蓬勃發展時各個職位都有空缺，因此大家體會到的無非是在四五十歲之後遇到職業發展的天花板，自己的競爭力不再增加，還體會不到三十五歲中年危機、競爭力下降的情況。但是今天，這種情況出現了。

讓中年「危機」變「機遇」

我們從前面的公式可以看出，應對的策略無非兩種。**一種是提升自己技能的成長速度，特別是在職業生涯的初期**。任何年代，所謂年輕有為的一群人，都是一開始在職業發展初期以非常高的速率進步的人，他們迅速占據了一些重要職位，有條件利用槓桿更大程度地發揮自己的影響力。今天要做到這一點，就需要在一開始找一份讓自己進步快，而不是薪酬高的工作，需要找到一個好師傅帶一帶自己。

另一種方式就是減緩自己技能貶值的速度，比如把它們的半衰期從五年延長到十年。通常，那些能夠快速入門的技能貶值得都很快。比如，很多非電腦專業的人花個半年或一年時間學會簡單的程式設計，就能從事簡單的計算機工作。但是這些技能你學得快，比你年輕十歲的人照樣學得快。相反地，那些門檻高，需要較長時間才能掌握的專業技能，比如從事醫學、法律或資訊科技中半導體設計所需要的技能，就比較複雜，需要長期專業訓練和從事一線工作才能熟練掌握，它們貶值就比較慢。當然，在這些行業中，達到峰值需要的時間也很長。

我們都知道甘蔗不會兩頭甜的道理。我們不能指望做一項工作不需要花太多努力，在很短的時間裡就能功成名就，然後還能永遠持續下去。任何人都不得不做一個選擇，就是在工作的前幾年過得輕鬆、晉升快，還是一開始過幾年苦日子，等到中年之後才開始收穫經驗和知識所帶來的紅利。

那麼有沒有價值不隨時間的變化而衰減的技能呢？只要社會在發展，科技在進步，就不存在這樣的技能。不過，和技能不同的是，智慧是不隨時間衰減的。孔子在兩千多年前所具有的智慧，今天依然行之有效。因此，對人們來說，**抵抗技能貶值最好的方法就是在工作和成長的同時獲得智慧**。今天很多人買波克夏海瑟威公司的股票，就是希望能夠聆聽巴菲特講人生的智慧。單純從金融學的知識來說，巴菲特肯定比不上今天很多投資人，他的一些知識甚至過時了，但是，在投資智慧方面，他依然超過世界上絕大部分投資人。

線性成長的局限性

今天，以普通人每週工作四十小時的標準來衡量，每一個人每週工作的時間其實差不多，很難差出一倍，但大家的成就卻天壤之別，能差出幾個數量級。即便是當年水準差不多，畢業後從事同一類工作的同班同學，幾年下來也經常是一個天上一個地下。這顯然不能用一個人比其他人更加努力，多工作了一些時間來解釋。這裡面主要的原因是，有些人的成就是線性疊加的，有些人則是按照平方的速度，甚至立方的速度成長的。

我仔細觀察過 Google 和騰訊公司不少工程師的表現，發現每一個認真工作的人每年完成的工作量不會有太大差別。對軟體工程師來說，可以簡單地用他們所寫代碼的行數來衡量。但是他們對企業的貢獻，以及他們的職業發展速度，會有很大的差別。Google 工程師所完成的代碼會在產品中存留至少一個版本的時間，通常會存留兩三個版本的時間。如果我們假設每個版本的生命週期是一到兩年，也就是說他們寫一行代碼，所產生的效果會有二至四年，有些還會更長。騰訊工程師寫的代碼就沒有那麼長的生命週期了，絕大部分代碼半年內就被人替換了，有的代碼甚至存留不過三個月。這倒不是因為騰訊產品反覆運算得快，而是因為很多工程師不講究代碼品質，以至於他們的代碼在產品使用一段時間後就出現了問題，然後不得不被新的代碼替換。我們不妨量化地估算一下這兩種工作方式所產生的影響力各是多少。

我們假設張三和李四每個人每月寫一千行代碼，他們的代碼都只用於一個產品，而且所有產品使用者的數量是相同的。不過，張三的代碼三個月就失效了，而李四的代碼四年才失效。為了簡單起見，我們假設他們的代碼一旦寫成，就被應用於產品中，馬上產生效益。

張三的貢獻第一個月是一千行代碼，第二個月是兩千行代碼，第三個月是三千行代碼。到第四個月，雖然他寫了四千行代碼，但是第一個月寫的代碼已經被剔除或失效了，因此他這個月的貢獻依然是三千行，而且以後每個月都是三千行代碼。我們可以把張三每個月的貢獻以及他在幾年職業生涯中累計的貢獻用左圖來表示。

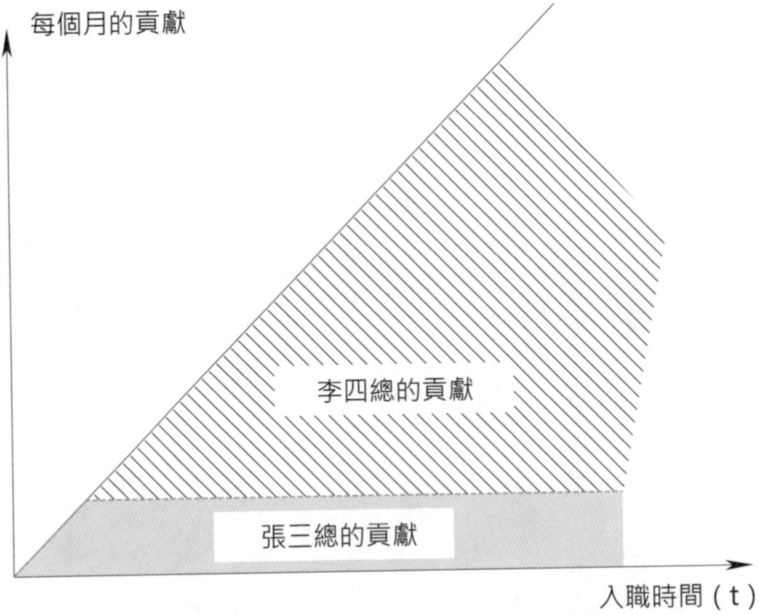

圖中的虛線及其對應的淺灰色區域，就是張三每個月的貢獻和累計貢獻。需要指出的是，張三幾年下來的平均貢獻基本上是恆定的，累計貢獻和工作的年限t成正比，或者說它是年限t的線性函數。

李四前三個月的貢獻和張三一樣，但是從第四個月開始，他的貢獻依然逐月增加，也就是圖中實線所描述的情況。李四的累計貢獻就是實線下方的條紋線陰影面積，大家不難看出，這塊面積要比淺灰色區域的面積大得多，而且越往後差距越大。需要指出的是，李四幾年下來的累計貢獻和工作年限的平方（t^2）成正比。我們知道，平方函數的成長要比線性函數快得多。

世界上依然有生命週期長的代碼。在航空領域，二十世紀八〇年代的一些代碼依然在使用，也就是說它們會超過人的職業生涯。今天那些失敗的初創公司都有一個特點，就是它們每一項工作的影響力持續的時間都非常短。

這種現象不僅在資訊科技領域存在，在很多領域都是如此。自從開始寫書，我和出版界有很多合作，對出版業算是比較了解的。根據我的了解，能養活自己的作家不超過出過書的人的百分之一，即便是出版了很多書的人也做不到這一點。雖然今天的著作權不僅在作者活著時有效，在死後還能延續五十年，但是絕大部分作家的書，在近百年時間裡的總銷量不會超過前三個月銷量的兩倍，大致相當於一本書六個月後就賺不到錢了，而這類作家一本書能賣一兩萬本就不錯了。如果一個這樣的作家寫書非常快，半年就出一本書，也僅僅能讓他的收入不中斷而已。所有能養活自己的作家都有一個特點，就是他們的圖書都是長銷書，過了五年、十年甚至更長的時間還有人讀。這些作家只要不斷寫，總收入就會隨著時間的平方增加。

用乘方思維擴大影響力

想要進一步提高影響力，最好能讓影響力隨時間呈三次方、四次方增加。以資訊科技行業為例，假如我們能夠讓自己寫的代碼不僅在自己負責的產品中使用，而且有越來越多的人也來使用我們的代碼，那它的影響力就大了。在全世界著名的資訊科技公司中，很多產品會共用一個代碼，而且其他企業也會使用。比如亞馬遜AWS雲端平台中的代碼，上百萬的企業都在使用，這裡面每一行代碼的影響力都是巨大的。

今天國內大部分資訊科技企業，包括很多「大廠」，內部共用代碼的程度很低，每一個部門都喜歡各自為戰，喜歡對代碼有絕對的控制權，不喜歡使用其他部門的代碼，這導致重複開發的現象嚴重。每個工程師雖然都很忙，甚至要經常加班，但是他們的工作所產生的影響力卻非常有限。和這種做法完全不同的是，Google雖然有幾萬名工程師，但是依然在共用一個代碼庫。任何人做一個新項目，九〇%的代碼是現成的。亞馬遜在早期也經歷了很多中國資訊科技企業各自為戰的階段，不同組在合作時，經常會為相同的功能開發出各自的代碼。後來亞馬遜的管理層注意到這個問題，強制要求所有的組都必須採用相同的介面進行合作，這就使得代碼的通用性大大增強。再後來，亞馬遜的管理層發現這樣通用的介面還可以開放出來提供給外部企業使用，於是他們就將那些代碼封裝起來，做成了AWS的開發工具。可以說，AWS的發展過程，就是工程師將重複性勞動降到最低、代碼的使用範圍擴大到最廣的過程。

當然，那些只有三個月生存期的代碼是無法推廣的，因為沒有使用者願意每三個月更新一次代碼。一段通用的代碼推廣的程度，是和它存在的時間成正比的，一開始可能只有三五個團隊或者七八個項目使用，後來可能會有幾十個團隊和上百個專案使用。因此，能夠寫出這種代碼的工程師的影響力其實是和他工作年限的三次方（t^3）成正比的。

在二〇一二年回到Google後，我發現自己在二〇〇三年寫的一段非常基礎的系統級代碼不但依然在使用，而且有上百個專案和數不清的程式在使用。那項工作我只做了兩三個月，但是那兩三個月工作的影響力隨著時間的推移在不斷擴大。

如果你做的工作不僅被很多項目採用，做成了各種產品，每一個產品隨著時間的推移使用者數在不斷上升，收入也在不斷擴大，而且你能夠不斷完成這樣有效果的工作，那麼你的影響力就和工作年限的四次方（t^4）成正比。這樣一來，當你工作了十年，你在行業的影響力就會非常大。這時即便別人碰到了發展的天花板，你也依然是行業裡最受歡迎的人，因為任何一個公司都知道，你到哪裡，就會為哪裡帶來巨大的效益。

我們每個人在國中時就學過乘方的概念，我們知道只要是大於一的數字，乘方的次數越高，得到的數值就越大。到大學的時候，這個概念被誇大為量級（Order，也被稱為「大O」）的概念，線性成長、平方成長的量級較低，而三次方成長、四次方成長的量級較高。只要時間足夠長，高量級成長和低量級成長所產生的差異會越來越大、越來越明顯。這就解釋了為什麼同一個學校畢業、水準差不多的同學，工作幾年後就會有明顯的差距，十幾、二十幾年後，就會有天壤之別，因為他們成長的量級是不同的。

我們在前面講到了朗道等級，即第一級物理學家的貢獻是第二級的十倍，是第三級的一百倍……是第五級的一萬倍。這個理論是否誇大了第一級物理學家的貢獻，貶低了普通物理學家的工作呢？其實沒有。我們先來看看第五級物理學家通常的貢獻。他們最大的貢獻通常就是每年培養幾名學生，因此幾十年下來，就是培養了一批學生，培養學生的人數和工作的年限成正比，也就是線性成長的關係。大學裡的初級物理學家也會寫論文，但是全世界八九成的科學論文很少有人去讀，有些論文甚至只有作者自己和審稿人讀過。大量平庸的論文即便有人讀，也就是在論文剛發表的前一兩年，這和我前面所說的很多工程師的代碼生命週期不超過三個月的情況很相似。

但是，那些被朗道稱為第一級的物理學家則不同。他們的影響力非常持久，而且隨著時間不斷拉長，他們的研究成果對人類產生的貢獻是以三次方甚至四次方的速度被不斷放大的。以波耳和海森堡等人為例，他們的量子力學理論一開始接受的人並不多，但是隨著時間的推移，接受量子力學的人越來越多，這還只是線性速度的放大。接下來量子力學理論成為後來物理學、化學和材料科學的基礎理論，而那些學科本身也在發展，這樣量子力學的影響力就以平方的速度放大了。今天資訊革命的硬體基礎，包括雷射、半導體的原理都源於量子力學，資訊的存儲和傳輸，衛星定位導航等新技術，電子顯微鏡、核磁共振等先進的設備都離不開量子力學理論以及建立在這個理論之上的現代物理學、化學和材料科學。因此，波耳等人的貢獻已經隨著時間的推移呈三次方成長了。如果再考慮到受益於現代科技產品的人數還在不斷增加，波耳等人的貢獻是隨時間四次方成長的。

如果一個人的貢獻和影響力以時間四次方的速度擴大，另一個人的貢獻和影響力只是線性成長，那麼說兩個人差出了一萬倍並不誇張。

我在前面還提到了Google發明雲端運算的迪恩和發明自動駕駛汽車的列文多夫斯基，他們可能應該被放在第一點五級到第二級之間，他們的貢獻是普通的第五級工程師的成千上萬倍。為什麼這麼說呢？以迪恩為例，他建構的Google檔案系統和平行運算工具，被Google和外界成千上萬個團隊使用，那些團隊在長達二十年的時間裡打造出成千上萬個產品，讓全世界超過十億用戶受益。相比之下，大多數普通的工程師寫的代碼只對一兩個專案產生了貢獻，而那些專案很多其實沒有產生社會效益。我在前面提到列文多夫斯基的收入是普通「碼農」的上百倍，可能有人會說那是美國具有工程師文化的體現。其實不然，我有幾個依然在做工程師的朋友，雖然都已經四五十歲了，在中國國內換工作時依然能拿到每年八位數的薪酬。願意支付他們如此高薪酬的公司當然知道，我這些朋友對資訊科技產業的貢獻要遠遠超過那個薪酬。

因此，每當一些工程師和我抱怨勞動強度大、收入低的時候，我一方面為他們感到遺憾，另一方面也委婉地提醒他們，讓他們想想自己對社會的貢獻到底有多大，他們可能非常辛苦地做了一大堆影響力很有限的工作。我們必須明白一個道理，在收入這件事上，這個世界更多的是看中「功勞」，而很少會看「苦勞」。遺憾的是，大部分人把自己的辛苦看成自己應該獲得更好待遇的依據。

我做投資時有一個偏好，就是寧可投資那些年紀尚輕、資歷尚淺，但是能力和影響力在以乘方速度上升的人，也不願意投資那些憑藉年資獲得一些頭銜的人。投資前者雖然有風險，但是考慮到他們進步的速度，我願意承擔這個風險，最不濟就算為世界培養人才了。對於那些憑藉年資上來的人，你根據他們之前的發展速度就能準確預測他們的未來。世界上很少有人前二十年線性發展，到了四十歲突然以三次方、四次方的速度進步的，因為那些人已經習慣了做簡單加法的思維方式。我時常一方面和同事講，莫笑少年窮，另一方面也和創業者講，能否具有乘方的思維方式決定了他們的成就高低。

幾年前，我和北京清華大學科學史教授吳國盛老師談到如何推廣科學精神的問題，他提出一個很有道理的方法，就是先影響一批具有影響力的人，然後那批人就會去影響身邊的人，這樣科學精神就會一圈一圈地在人群中傳播。吳國盛老師不僅這麼說，也這麼做了，我認為這種做法非常好，這就是做乘方的思維方式。

本章小結

我們用簡單的數學運算做比喻，分析了很多人在職業發展過程中遇到困境，特別是職業發展天花板和三十五歲中年危機的成因。任何突破常人天花板的人，通常會在境界上高出大眾一籌。他們懂得防範風險，能夠集中精力做好主要的事情，能夠利用槓桿把自己的特長發揮到極致，讓自己的影響力在多個維度上得到發揮，然後隨著時間的推移按照乘方成長的速度放大，並且獲得累計效應。如果說人的發展會有什麼天花板，這個天花板就是他的境界。

02
正確決策

凡事皆有成本

我在當學生的時候，也和很多人一樣，熱衷於去拿一些免費的東西。等開始工作賺錢後，我就體會到凡事都是有成本的，即便是那些免費的東西。再往後，我學了經濟學，就知道有些時候即使付出了成本，該捨棄的時候還是要捨棄，那些成本無非是沉沒成本。

等到後來做投資，我對機會成本又有了更深刻的認識。很多時候，投資看起來沒有虧錢，但其實依然給自己造成了損失，因為那些錢放到別的地方會有更好的回報，這就是付出的機會成本。用這種思維去審視過去的得與失，我發現，其實我浪費了很多資源，那些寶貴的資源如果用到其他地方，會產生好得多的效果。我也因此明白了松下幸之助的那句話：「一種產品如果不能盈利，就是對人類的犯罪，因為那些寶貴的資源可以用來做更有意義的事情。」

具有成本意識是人有智慧的標誌，懂得捨棄大量回報不高的事情，專注於有意義、高回報的事情，是進入更高境界的開始。

做決定前，先考慮成本

很多人在決定一件事情該做還是不該做的時候，通常是看其他人做不做，如果大家都做，自己也會跟著做，不去想做了以後有沒有好處。稍微肯動一點腦筋的人會看做了以後有沒有收益，如果有收益，就會去做，但是他們卻很少考慮收益率，也就是收益和成本的比例。

幾乎所有大城市裡中小學生的家長都會幫孩子安排各種課外補習班。這些補習班有些是為了提前學一些內容，以便贏在起跑線上，但更多的是把學校教的內容再學習一遍，以便能考出好成績。前一種情況我們先不考慮，這裡重點分析一下後一種情況值不值得做。

簡單來說，這件事做與不做因人而異，但是判斷的標準只有一個，就是補課的成本。我這裡講的成本還不是金錢的成本，而是時間和精力的成本，因為對一些家庭來說，錢不是大問題，如果能用錢換分數，他們非常樂意這麼做，但是人的時間和精力都是有限的。

據我了解，不少家庭送孩子上課外補習班的結果是錢花出去了，效果卻一般，甚至還有副作用。這是為什麼呢？我們分析一下付出的時間和精力成本就能明白了。

我們假設孩子每門課每週要去一次課外補習班，補習班上課時間是兩小時，孩子往返補習班要花一小時，下課後還必須認真做補習班的作業，否則就白聽了，寫作業再花兩小時，這樣一週就是五個小時，這五個小時就是他的時間成本。當然有些家長會說，五個小時花出去了，至少成績沒有下降，還提高了一兩分，即便效率不算高，也沒有損失。其實這種想法是忽略了機會成本。如果把這五個小時用在更有效的複習上，能將成績提高三五分，那麼這三五分就是機會成本，而提高的一兩分就是收益。兩項相抵，這項投資還虧了兩三分。

我大女兒有一位高中同學，四年來的成績總是全年級第一名，後來上了麻省理工學院。每到期末考試前，老師帶著大家複習時，這位同學就請假回家自己複習。

為什麼這麼做呢？因為考慮到機會成本，跟著老師複習不划算。老師在課堂上不可能照顧到每一個人的具體情況，可能兩小時的課程中只有一〇%的內容對自己有幫助，如果自己是一個善於學習的人，了解自己的不足，能把時間利用好，對提高成績就會幫助更大。我回想我大學同學中的學霸，有一大批到了期末考試前也選擇「蹺課」。這些人成績好的原因就在於懂得機會成本的道理。

我一位朋友曾開辦了一家中等規模的教育培訓機構，過去每年有成千上萬的學生。他發現每到週末，很多父母把小學生送到他的機構來參加大班補課，然後自己坐在車裡玩手機。他對我說，這些家長與其把時間浪費在看手機上，還不如花點時間看看孩子的作業，小學生的那點功課他們自己都能輔導，既省時又省錢，從提高成績的角度來說，一定比上一次大班課要好。當然，如果家長真的沒有能力輔導小學生，孩子所在的學校教育品質又不夠高，送補習班可能就是一個更好的選擇了，因為同樣花五個小時的時間，付出的機會成本較低，而成績提高的空間較大。因此，我們做決定之前要考慮成本，防止做出壞選擇。

如何讓回報大於成本

凡事都有成本，這個道理很多人都懂，但是到了生活中，絕大多數人都會忘記。

在互聯網上有很多免費服務，很多人就下載了一大堆應用程式，在短時間裡確實獲得了一些方便。但是時間一長，自己的個人資訊全被洩露了，隨後自己遇到的麻煩就越來越多。一開始可能是受到價格歧視，然後是自己的行蹤被人掌握，再往後會發現自己很多事情都做不了了。這些都是使用免費服務付出的成本，只不過過去別人要你先付出成本，才給你好處；現在是先給你一些好處，然後再讓你慢慢把成本補上。

即便很多人在生活中有了成本意識，也經常會陷入以下四個誤區。

第一個誤區是，捨不得拋棄沉沒成本。關於沉沒成本，今天的很多公開課都會講到，我們這裡就不詳述了，用一個例子簡單說明一下。某人花了一百元買電影票，看了十分鐘後覺得電影非常無聊，再看下去就是浪費時間，但就是不甘心離開，因為他已經花了一百元。但是，他堅持看完兩小時的電影，心裡不舒服，不僅沒有受益，還耽誤了自己兩小時的時間。這就如同一條船已經沉沒，船上不論有什麼東西都不用再計較了。很多人都聽說過「沉沒成本」這個詞，也知道沉沒成本不再是成本的道理，但是真到了自己頭上還是不願意放棄。

第二個誤區是，任何資源使用起來都會產生收益，因此使用它來創造價值時，機會成本不是零，而是在沒有風險的條件下產生的收益。比如你有十萬元拿到股市上投資，有時賺點錢，有時賠點錢，最後不賠不賺。這時很多人會覺得自己沒有虧，其實他們已經虧了，因為那些錢如果不去炒股，至少每年有二至三%的利息，因此它的機會成本就是二至三%的收益。任何收益不如定期存款的投資都是虧錢的，哪怕看上去是小賺。再比如，有些人喜歡買黃金，覺得黃金保值，其實從歷史上看，黃金和白銀的平均漲幅低於通貨膨脹，並不能保值。清末民初的時候，貝聿銘的叔祖、顏料巨賈貝潤生先生花了九千兩銀子買下了蘇州著名園林獅子林，這個園子不僅占地面積極大，而且是中國園林中的傑作。今天，九千兩銀子還不到一百萬元，連蘇州的一個小房子都買不下來，購買力大大地貶值了。因此，握有金銀的同時其實也就付出了機會成本，即錢本身能投資到社會再生產、再賺錢的機會。

還有很多人熱衷於短線操作股票賺點小錢，賺了錢就揚揚自得，我經常會問他們，跑贏大盤了嗎？很多人就不吭聲了。購買指數基金，跟隨大盤，是投資股票的基準點。無法跑贏大盤的人，都會白白付出機會成本。

第三個誤區是，由於人們天生厭惡損失，他們雖然懂得做事情有時間成本的道理，可以忍著不去拿免費的好處，但是只要有機會把自己的損失補回來，即使花時間，他們也願意去做。這時他們不會考慮補回來的損失是否超過進一步花出去的成本。

比如你住在北京中關村，今天西單有一個活動，免費送一個人民幣兩百元的吹風機，你是否會去拿呢？十年前可能大家都會一擁而上去搶，但是今天很多人會考慮交通成本、時間成本，以及瘋搶付出的各種代價，可能想想還是算了。這種做法就是認知上的一個進步。但是，如果你花了兩百元買了一個吹風機，卻對品質不滿意，是否會去退貨，把兩百元拿回來呢？幾乎所有人都會去退掉它，有人會特地去，有人會順便去。他們會覺得兩百元是自己的，不能有損失，更何況有機會拿回全額，這時他們不會計算退貨的成本。

從中關村到西單，雖然距離沒有多遠，但搭車來回至少要人民幣五十元，時間超過一小時，再加上進出商場和退貨的時間，半天就過去了。這成本算下來，和兩百元的貨款已經差不多了。有人說，自己開車去或者順便去，不就能降低成本了嗎？在北京保有一輛車的成本如果折算成里程數，是要高於計程車的，這還不算停車費和找停車位的時間。如果是順便去，這件事恐怕好幾天也未必辦得成。我在《態度》一書中談到上帝喜歡笨人時講，一個人只要想著順便去辦某件事，經常最終都是辦不成的。

我初到美國時，發現幾乎所有的商店都可以無條件退貨，因此買了東西不滿意就去退。後來，二三十美元的東西我就不再去退了，因為各種成本算下來覺得這樣做不划算。於是，我就把它們放在一旁，每過一個季度就送到慈善機構捐，這樣既省了時間，也方便了有需要的人，捐了之後我大約可以經過抵稅拿回貨款的二〇%，可能比退貨還划算。當然有人會講，你下次買東西時再去退不就好了。根據我的觀察，如果一個人去一家商店購物時，退東西拿回了一百元，有很大的機率會把那一百元再花出去，因為他會覺得那錢是白得的，花起來不心疼。這其實也是很多商家不介意大家退貨的原因之一。Google 剛上市的時候，一群廣告主告 Google 收了一些無效點擊的廣告費，最後雙方和解，Google 賠了上億美元。但是，這些錢給廣告主後，他們又都把錢投入 Google 買廣告了，而且因為錢是「白得來」的，花起來也不心疼，很快就花完了。算下來，Google 沒有什麼損失，廣告主們也沒有什麼收益。

第四個誤區是，很多人過於看重成本，而忽視了品質和效率。在美國，大部分人的退休金都放在富達基金和先鋒基金中，因為它們的收費低，提供的共同基金選項多。但是，對日常進行二級市場證券交易的人或者資產巨大的家族來說，這兩個基金公司有個問題，就是交易的速度不夠快，特別是當股市交易量特別大時，這個問題特別突出。在股市大跌時，一個人可能下了單子，兩分鐘也進不了市場，而這兩分鐘資本市場就有很大的波動。這時，像高盛這種高品質的券商提供的服務就非常可靠。一位過去在華爾街工作的朋友和我講過這樣一段經歷。

九一一事件之後，互聯網股票崩盤了，因為美國股市沒有跌停的說法，所以就連當時最堅挺的雅虎都很快跌了九成以上。由於大家恐慌性拋售，導致透過線上交易的單子很難進去。那時，在大券商開戶的人，基本上可以在第一時間拋掉股票止損，但是那些在規模較小的網路券商開戶的小散戶，只能眼睜睜地看著自己的股票下跌。等到他們放到市場上的交易被執行時，已經多損失了好幾成。我的這位朋友當時在紐約工作，直接到納斯達克交易所，果斷處理了自己的股票，減少了損失。

絕大部分時候，高品質的產品和服務與普通品質的沒有明顯差別，它們的差別只有在關鍵時刻才會顯現出來，而且特別明顯。當然，獲得高品質的產品和服務需要增加成本。我買車不在乎牌子和外觀，但有一個原則，就是車的安全性要非常好，加速還要比絕大部分車快，為此我願意多花一點錢。為什麼要堅持這兩點？因為安全性涉及我自身的安全，而加速快也是出於安全性的考量，這樣可以極大地降低變換車道和高速公路並排行駛的風險。當然，我開了半輩子車，既沒有撞過人，也沒有被人撞過，和車的性能足夠好有很大關係。絕大部分時候我們並不需要很快加速，但是多一份保障總是必要的。

成本意識應該伴隨我們每一個人的每一天，這樣才不會付出了高額的隱性成本而不自知。當然，一個人想要每件事都做到成本低、回報高是很難的，更何況在追求低成本時需要做很多比較，而比較本身也是有成本的。我們所追求的應該是讓回報和成本的比例在整體上達到最大，對此，我有三點體會可以和大家分享。

第一，不要光算表面上的成本，還要算隱性成本，我們前面談的內容大多是關於隱性成本的。表面上的成本加上隱性成本才是總成本，總成本低了，報酬率才會高。

第二，人的格局要大、境界要高，貪小便宜的事情永遠不要去做。比如很多人年收入幾十萬元，就是捨不得花錢買正版軟體，還在用盜版的，其實使用盜版軟體有很多潛在的風險，特別是安全性隱患。很多人等出了問題才想到自己當時貪小便宜吃大虧，但是下一次遇到小便宜他還是貪。這種人就是格局太小、境界太低，而且恐怕一輩子也改變不了。

第三，對於那些好得難以置信的事情要特別小心，免費的東西、特別便宜的東西都屬於這一類。網路上有一句話頗有道理：你惦記別人那點利息時，別人在惦記你的本金。今天各種爆雷的非法集資，都是透過高利息吸引人，當你發現有便宜可以占時，通常是陷入麻煩的開始。有句話叫作「賣的總比買的精」，講得就是這個道理。對於各種好得難以置信的事情，我的態度是一概不理會，因為沒有那些奇蹟發生，我也活得很好。雖然我周圍總有一些人得到了難以置信的驚喜，但我也不會眼紅，因為我更希望生活是自己能把握的，而不需要依賴那些難以置信的事情。

沒有體量創造不了奇蹟

著名投資人巴菲特從來不隱瞞他的投資方法，而且他在股市上的操作也是公開的，大家完全可以仿照他的方法去做。不過，那些號稱「下一個巴菲特」、「女巴菲特」、「中國巴菲特」、「某地區巴菲特」的人，都是風光一時，然後就悄無聲息地淡出投資圈了。照理講，巴菲特的成功經驗是可以複製的，但是幾乎沒有人做得到，這又是為什麼呢？

這裡面的原因有很多，但至少有三個因素值得我們了解，並且平時做事時要提醒自己注意。第一，嚴守紀律。巴菲特做事有自己的原則，比如不做空股市，不使用槓桿投資。任何違反原則的事情，哪怕那件事看起來有利可圖，他也不會去做。第二，運氣足夠好，活得足夠長。巴菲特趕上了人類歷史上最長的和平年代，即二戰後近八十年的和平，美國的經濟大環境非常好。同時他活得很長，如果從一九六四年巴菲特控制波克夏海瑟威公司算起，到今天他已經在股市上經營了六十年。第三，也是最重要的，在巴菲特年輕的時候，很少有人會堅持做長期價值投資，而那時的資訊也不夠發達，市場的有效性沒有今天這麼好，以至像可口可樂那樣缺乏時髦概念的好股票很多人看不上。等到二十世紀八〇年代，很多人也開始像巴菲特那樣做長期價值投資後，他們的體量已經無法和巴菲特相比了，很多巴菲特能做的事情他們不能做，因此結果也就沒有巴菲特好。

體量其實就是這一節我們要講的重點。

許多人會把巴菲特稱為「股神」，認為他的成功是因為會炒股，甚至有人出幾百萬美元請他吃飯，詢問炒股祕訣，誰知巴菲特當場就說他不會炒股。這倒不是因為巴菲特謙虛，事實也是如此，他從不「炒」股，而是靠投資並且經營他認為好的生意而賺錢。

巴菲特具體的做法是這樣的：首先他找到好的生意，就是那種幾乎人人需要，能夠幾十年也不會衰退的生意，比如銀行業、保險業，以及和人基本的物質需求相關的產業；其次他找出那些有發展潛力，但是近期內表現不算太好的企業，因為有發展潛力能保證企業長久地賺錢，近期內表現不好會讓企業的價格比較便宜。

但是，市場是有效的，大家對一家企業的估值低，是因為它有問題，只值那點錢，而並非巴菲特撿到了便宜，別人撿不到。巴菲特最大的本事就是他能夠化腐朽為神奇，讓一家短期內表現不好的企業走出低迷的困境。通常，一家資質很好的企業身處一個能夠長期賺錢的行業，還表現不好，那一定是管理層出了問題，這時，只要換掉管理層，經營情況就會好轉。巴菲特投資的企業並不多，但是在每家企業中占股的比例都很高，這樣他就能派人進入董事會，換掉不稱職的高管，然後監督那些企業的營運。

透過這種方式，巴菲特就能讓那些有長期潛力，但是近期低迷的企業重新起飛。這件事別人是做不到的，他們一方面不會像巴菲特那樣堅持原則，堅持長期利益，另一方面也沒有巴菲特的體量。比如，你按照巴菲特選股的方法看中了一家身處非常賺錢的行業卻發展不好的公司，買了那家企業一萬元的股票，接下來你等著那家公司出現奇蹟。但結果是，那家企業的問題依然存在，然後它不斷爛下去，直到最後你完全失去了信心，割肉退場了事。

你和巴菲特的差別首先在於體量，沒有他的體量，是創造不出奇蹟的。當然，一些資金充足的對沖基金是有巴菲特的體量的，它們也能對一些企業進行改造，在短期內提高業績。但是對沖基金從來不做長期投資，因此它們也就無法像巴菲特那樣獲得長期回報，這當然是另一回事了。

二十世紀九〇年代後，很多人完全按照巴菲特的倉位購買股票，學巴菲特的理解改組管理層，監管各企業營運，儘管他們也得到了紅利，但依然沒有獲得和巴菲特同樣的回報，這是怎麼一回事呢？答案也和體量有關。

巴菲特的波克夏海瑟威公司從一九六四年至今（二〇二二年第二季度），平均年報酬率是十五％，這是相當可觀的。但在這些回報中，每年大約有二％是該分紅而沒分紅的部分，這部分加入了複合成長，幾十年下來的影響不可低估。這怎麼理解呢？我們來看一個具體的例子。

比如你買了可口可樂公司的股票，在過去的半個世紀裡，可口可樂股價的複合成長率大約是每年十一．七％，同時它每年會發二．八％的股息，有時還會派發特殊股息。如果你算上股息，其實可口可樂公司股票的平均報酬率是每年十四．五％。按照十四．五％的複合成長率成長半個世紀，一美元可以變成八百七十一美元，而按照十一．七的複合成長率成長同樣的時間，一美元只變成了兩百五十二美元，前者是後者的三．四倍。通常，大部分人收到股息後就會花掉，因為它們是現金，每年數量也不多，似乎也幹不了什麼大事。而巴菲特會怎麼做呢？他會要求那些每年配息的公司不以現金的方式配息給波克夏海瑟威，而是以更多股票的形式回報他。當然，他也不會配息給自己的持股人。不要小看每年二％的利息，如果沒有這二％，波克夏海瑟威公司股票的複合成長率就是十三％，五十八年下來，股價只有今天的三〇％。

為什麼不配發股息這件事巴菲特能做到，而你做不到呢？就是因為他的體量大。一方面，巴菲特公司的體量能夠控制所投資企業的股息發放；另一方面，作為一個投資大公司，它可以利用稅收上的技巧將股息的稅率從三十五％降到七％，這樣它就能以更快的速度實現複合成長。

因此，即便你像巴菲特那樣買了可口可樂公司的股票，投資複合成長的速度每年比他慢一點點，時間一長，差距就拉大了。你無法像巴菲特那麼操作是因為你的體量不夠大。即便你是一個非常自律的人，得到的那點股息也用來買同樣的股票，但是你還要繳不菲的所得稅，而巴菲特的公司相應的稅率只有你的二〇%甚至更低。總之，即使你做和巴菲特一模一樣的事情，你的投資收益也不可能和他一樣好。

那麼是否把錢交給巴菲特，讓他替我們管，我們就可以財富自由了？這也要看體量。

假如你二十年前把錢交給他，今天是否能實現財富自由呢？其實也不能。二十年前波克夏海瑟威公司的股價是七萬至七萬五千美元，今天是四十二萬美元左右，漲了不到五倍。當時在中國有一百萬元存款的人可不多，如果讓巴菲特幫你投資，今天也不過是六百萬元，還不夠在一線城市買房。哪怕你有足夠的耐心，再堅持二十年，假設巴菲特的繼承人還能秉承他的投資理念做到二十年漲五倍，二十年後也就是三千六百萬元，考慮到通貨膨脹，估計這筆錢也就夠買一線城市的一套房子。

當然，你如果當初有一億，二十年獲得五倍的報酬還是很可觀的。也就是說，對絕大部分中產階層來說，就算你有巴菲特的投資水準，指望在股市上賺錢富裕起來，也不是一個現實的想法。

當然，如果你觀察巴菲特近二十年的投資表現，可能已經發現他的表現大不如從前了。你的觀察的確沒有錯。事實上，從一九八二年到二〇〇二年，巴菲特在那二十年的投資回報是兩百多倍，他的神話其實是那段時間創造的。他近二十年不如過去，不是因為他老了，而是有三個原因：一是資訊的發展讓市場的有效性更好，不容易撿便宜了，這一點我們會在後文討論；二是因為他錯過了資訊革命的大潮；三是因為他的資本帝國體量太大，很難像過去那樣獲得快速成長了，當然他也沒有必要追求高成長了。

體量大了也有弊端，我們先說一個極端的情況。假如波克夏海瑟威的市值從現在起依然保持每年一〇%的複合成長率繼續成長，而全世界的財富以每年二%的複合成長率成長，那麼總有一天，全世界二〇%的財富會掌握在該公司手裡，這時候麻煩就來了。接下來，該公司要麼不能再按照每年一〇%的複合成長率成長了，要麼全世界除它以外財富成長是零，這顯然是矛盾的。事實上，雖然今天波克夏海瑟威的市值只有美國股市的〇・七%，但是它的體量太大了，動不動翻倍成長的可能性已經沒有了。我在《浪潮之巔》中介紹過諾威格定律（Norvig's Law），說的是當一家企業已經占有五〇%的市占率後，它就不要指望市占率能翻倍了。這是大企業普遍存在的一種困境，波克夏海瑟威也不例外。另外一家曾經投資回報比它還高的對沖基金文藝復興科技公司，其實在體量很大後，回報也大不如前了。

最好的投資是自己的專業

我們上一節花了很大篇幅來談論波克夏海瑟威，一個目的是打消大家在沒有多少錢的時候，就指望透過投資賺大錢的幻想，另一個目的則是說明體量和效率的關係。每個人都希望自己發展得好，各種收益越來越大，但這時腦子裡需要有「體量」這個詞，體量太小是不行的。我們不妨從兩個維度來考慮體量的問題。

第一，我們發展的空間和環境。我在《見識》一書中講過一個現象，就是很多從央視出來的主持人和記者創業都不成功，其原因是他們離開了央視這個體量很大的平台。這就有點像過去把錢放到波克夏海瑟威裡面做投資，後來自己用同樣的理念買股票投資。由於沒有了過去的體量，過去能做成的事情，今天就做不成了。比如過去要採訪一個一線的互聯網公司創辦人，那些人哪怕再忙，想到能夠上央視露臉，為自己做廣告，都會答應下來。但是當同一個記者代表自己的自媒體去約他們時，他們就會很客氣地說沒時間。

我經常和年輕人說，第一份工作最好找一個好公司，因為你需要借助一個平台發展。平台的體量相當於槓桿，可以將自己的貢獻放大，而且能夠讓你做出單打獨鬥做不出的事情。比如你是做技術的，到了公司後，人事、財務甚至銷售都不需要操心，這讓你能夠在技術上加倍進步。如果是一個人做，你需要抽出時間來處理上述事情，進步就慢了。即使你不是一個人做，而是在一個小公司，雜事特別多，也無法保證專心致志地把自己想做的事情做好。這就如同你自己買股票，每年股息的報酬率二%，並且加入複合成長中，兩者在短時間內差異不明顯，但時間一長，總成長就會有很大差異。

但是，太大的機構也未必是個好去處。大機構裡面的內耗通常比中型機構多得多，發展也非常緩慢，甚至還時常退步。一個人成長的速度主要受到三個因素的影響：自身的進步、所在公司的發展速度，以及環境賦予的槓桿，它們之間基本上是乘法關係。自身成長的速度比較好理解，我們就不贅述了。環境賦予的槓桿也不難理解，一個華為或者騰訊的技術總監，到社會上比大部分小公司的執行長還有影響力，這就是環境賦予他們的槓桿。這兩個因素都是靜態的、直觀的，但是第三個因素很多人會忽略，就是所在公司的發展速度。如果五年前你到了當時還是小公司的今日頭條或者拼多多，成為那裡的一名員工，只要你獲得大家平均的進步速度，今天就已經很有成就了。這裡的成就一半是你的努力，一半是因為你搭上了一輛快車。相反地，如果你五年前到中國移動、中國聯通，甚至到了騰訊，都不會有太多晉升的機會，因為那些企業基本上是在按照慣性發展，有時還會停滯甚至衰退。

第二，我們投入精力和資源的方向。我上大學兩個月後，生活費結餘了十元。假如當初我有機會購買千分之一股的波克夏海瑟威公司股票（當時一股的價格是一千五百美元），到今天會漲近三百多倍，這個報酬率算是很高了，但也只是三千元而已。而我當時拿出一半的錢（五元）買了一本牛津大字典，要知道當時一本大學教科書才一美元，所以字典的價錢算是相當貴了。但是對我來說，把錢投在牛津大字典上，顯然比投在波克夏海瑟威公司股票上報酬率更高，因為如果我沒有學好英語，就沒有後來的成就。因此，最好的投資就是把錢、時間和注意力投資到自己的事業上。

每一個人都會有特長，在你擅長的方向，你的體量會特別大，當然這時的體量是你的知識、技能和在相應領域的人脈。比如你很擅長數學，你就能用數學辦到別人辦不到的事情，即使你遇到問題需要請教人，你也知道找誰，而這是專業以外的人做不到的。因此，在自己所從事、所擅長的領域和別人競爭，就是主場作戰，事半功倍。比如，你每週工作之餘有十個小時自己的時間，你可以拿來研究股票，或許你能夠成為一個業餘高手，但是由於體量的問題，要達到巴菲特的收益率不容易。就算你達到了，一年有十五%的報酬率，比股市平均的報酬率還多出幾個百分點，然而你的本錢太少，一年也就多收入幾千元。如果你把這十個小時用來做一件和你專業相關的事情，由於你很容易在自己熟悉的領域調動很多的資源，堅持一兩年下來可能會做出一些很有創造性的工作，也許會有人花錢買你的智慧財產權，甚至有人會資助你創業。在矽谷，絕大部分創業公司其實都是這樣誕生的，很少有人是拍腦袋想出一個好點子，然後成功的。即使你不打算做點自己的事情，你把這十個小時用來加班，每年獲得的獎金也會比幾千元多，更何況當你的績效連續幾年超出預期後，還能獲得晉升的機會。

截至二〇二二年九月三十日，《富比士》全球億萬富豪榜上，巴菲特大約排在第五位，是非常了不起的。不過前四位，包括伊隆．馬斯克、傑夫．貝佐斯和比爾．蓋茲等人，過去都不如他富有，而且那些人的錢加起來連他財富的零頭都不到。不過，這幾個人都有自己擅長的行業，他們都是在自己的行業裡發展，最終他們靠在主場作戰的優勢超過了巴菲特。當然，我們絕大部分人的財富可能連他們的萬分之一都沒有，不過，如果我們把自己看成他們的縮小版，縮小成十萬分之一，甚至一百萬分之一，我們該選擇走什麼道路是再清晰不過的。

最好的投資，一定是在自己的專業上。

不要試圖戰勝市場

世界上永遠有一大群人，覺得自己能夠戰勝市場。絕大多數的散戶和基金管理人都相信自己能做到這一點，很多試圖按照自我意識規範市場的管理者也屬於這種人。但事實是非常殘酷的，大部分的散戶，只要他們在股市上交易的時間夠長，不僅會遠遠落後於大盤，而且報酬率會輸給通貨膨脹。專業的基金管理人的情況也好不到哪裡去，只有一〇％的專業人士能夠做到連續三年表現超過大盤，在整個職業生涯中表現超過大盤的基金管理人幾乎找不到。至於干預市場的做法，雖然有不少在短期內有效的例子，但是從長期來看，通常是得不償失的。

為什麼世界上那麼多的聰明人做不到戰勝市場？因為他們一開始努力的方向就錯了，他們在和市場的有效性作對。而市場的有效性是整個經濟學的基礎，挑戰市場有效性的人，實際上是在挑戰整個經濟學理論。

市場的有效性

那麼，什麼是市場的有效性呢？在工業化初期，亞當．史密斯把它解釋成「看不見的手」，即在一個充分競爭的商業社會中，社會分工和市場的作用可以調節資源的分配和產業之間的平衡。比如在二戰期間，資訊產業的龍頭企業IBM開始生產機關槍，生產汽車的福特開始生產飛機。在二〇二〇年全球公共衛生事件期間，全球需要口罩，中國很多工廠就轉型生產口罩。這些事不需要他人告知，市場自己就會迅速做出反應。再比如，當比特幣價格爆跌之後，很多在電價較高地區的礦機主就停止了挖礦，因為得不償失。沒有人告訴他們應該這麼做，這就是工業產業市場的有效性。

市場的有效性會帶來兩個結果：第一，整個行業只能獲得一個平均的、合理的利潤，因為如果整個行業的利潤過高，就會有新的人進入這個市場，改變供求關係，把利潤壓低，反之，當行業的利潤過低時，就會有人退出市場；第二，市場的有效性可以調節資源的分配，這裡所說的資源包括人的資源以及生產數據等自然資源和資本。因此，市場的有效性對整個社會來說是一個福音，它使得追求利潤的個體在無意中增進了公共福利。

今天，我們談論市場的有效性，更多指的是金融市場的有效性。當你看到一家公司的股票從一百元跌到五十元時，覺得現在買就划算了；當它從一百元漲到兩百元時，覺得再進場買就虧了。如果你有這樣的想法，那說明你是在試圖打敗市場，而且覺得市場錯了、你對了。你有時會因此賺到錢，但是多來幾次，一定會被市場打敗。今天的金融市場比過去的商品市場更加有效，只要在金融市場上出現機會，就會有人加入，讓成本迅速增加，讓利潤迅速減少。比如某家企業最近盈利特別好，它的股價就會在瞬間爆漲，讓它的價格和背後的價值相一致，這就是市場的有效性。因此，當那家公司的股價從一百元漲到兩百元時，並不說明現在買一定就虧了，只說明它的股價現在值兩百元，大家都看到了它的價值，兩百元在這個時間點是合理的價格。同樣的道理，當它的股價從一百元跌到五十元時，說明它可能有問題，而其他人也會發現問題。雖然你覺得這時買進撿了便宜，但是大家不認可，只願意出五十元買，沒有人會出當初的一百元。因此你看似撿了便宜，但是股票只能爛在手裡，不可能以更高的價格賣出。

當一個人覺得自己看到了所有人都沒有看到的機會時，他便是在和市場的有效性作對，也是在和最基本的經濟規律作對。那麼，有沒有可能，那些未上市的公司因為資訊不公開，能從中找到大家不知道的投資機會呢？這件事其實也很難做到，因為公司的所有者很清楚自己的價值，它經營得好，價值必然提升。而未來的投資者也知道，如果自己出價太低，就無法獲得投資的機會，其他投資人就會給出更好的價格。最後，融資的一方和投資的一方基本上會按照企業真實的價格達成協議。

我在新冠肺炎疫情前投資了美國一家送蔬菜食品上門的公司，當時它的估值很低，只有幾千萬美元。等到全球疫情一來，這家公司的生意就好得不得了。很多投資人就問我那家公司是否還需要融資，希望能夠搭上它快速成長的機會，我就替這些潛在的投資人向創辦人詢問了一下新的估值，結果新的估值已經提高了幾十倍。這倒不是因為創辦人漫天要價，而是有很多人想投進去，最終價格會成長到一個大家都接受的水準。這就是市場的有效性。

現代社會的有效性

不僅市場是有效的，現代社會也是如此。比如上大學選擇專業和將來就業時，大家會發現有些熱門的行業工作好找、收入高，培訓的時間又短，因此會有很多人擠入這些專業。於是這些行業很快會出現供大於求的情況，會有很多人找不到工作，而有工作的人也會受到降薪甚至被裁員的壓力。今天比較熱門的資訊科技行業便是如此。如果一個行業入行的門檻較高，雖然收入高，但是由於能夠入行的人少，那麼他們早期的付出會逐漸獲得高回報，比如醫生或者律師便是如此。

當然，每一個行業內部也有不同的層級、不同的分工，內部競爭的激烈程度會相差很遠。那些只需要一兩年培訓就能勝任的工作，比如寫一些簡單的代碼，競爭就會激烈。這就如同商場裡的啤酒，數量太多，想多賣出一毛錢都會失去價格上的競爭力。但是，像架構師這樣的工作，如果不是科班出身，不經過多年的歷練是無法勝任的，因此用人單位不得不開出很好的條件。這就如同茅台酒，哪個商場出價低了，其他商場就會搶走。

很多人在做選擇的時候，通常只關注當下的情況或者接下來一兩年的情況，於是就會選擇當下最容易的事情去做。在美國，很多大學生很懶，專門挑一些容易混文憑的科系學習，這樣四年的大學生活會過得很爽。但四年後的結果要麼是找不到工作，要麼是只能找到薪酬很低的工作。離開學校進入職場之後，有的人會選擇最輕鬆的工作去做，但是這種工作最容易被替代，每次裁員時幾乎首先被裁掉，而每次在漲薪資時又很少被考慮到。這不是老闆仁慈不仁慈的問題，而是由社會的有效性決定的。

我在《格局》一書中講了一個觀點，就是「眾爭勿往」，哪怕是一件好事，爭的人多了，好處也就大打折扣了。比如，很多中國家長在「雞娃」[2]時用的都是一個模式，這麼做肯定不會有太好的結果，這就如同大家都想讓自己的汽車變得亮麗顯眼，然後都塗成了黃色，結果自己的那輛黃車並不會更搶眼。再比如，一條道路上人多了，就不可能走得快，因為成本增加，收益減少。大家應該都見過火車站出

2 指父母為了讓孩子取得好成績、獲得更好的教育資源，不惜用各種手段替孩子「打雞血」，安排各種補習班、才藝班、課後活動的教育行為。

口，因為走電扶梯容易，而且快，所以大家都擠在那裡，那條路就會變得擁擠不堪，而旁邊的樓梯卻沒人走，從那裡出站反而快得很，這就是世界的有效性。**聰明的人懂得尋找一條少有人走的路。**

不要做違背規律的事

當然，世界的有效性能夠成立需要有兩個前提條件：一是充分競爭的環境，二是足夠大的時空。

如果一個社會缺乏交流和競爭，是一個完全封閉的社會，那麼它的有效性就不會太高。比如在中世紀的歐洲，人被分為三個等級，即教士階層、貴族階層和平民階層，這是生下來就被定好的，底層人想從事貴族的工作根本沒有機會，這就談不上社會的有效性。再比如一個限制商業、限制商品交換的市場就不會有市場的有效性，這樣的市場會出現一些商品多得沒人要，而另一些商品則非常緊缺的情況，一九九〇年之前的蘇聯和東歐便是如此。今天很多人害怕競爭，其實競爭是一件好事，因為有了競爭每個人才有機會。如果沒有競爭，當一個公司給你很低的薪酬時，不會有另一家公司出更高的薪酬來請你。

由於社會的有效性，一開始談條件吃虧的人，從長遠來說就不會吃虧。在人較多、薪酬不斷調整的公司裡有這樣一個現象：兩個水準相當的人，哪怕在求職時談判得到的薪酬有較大的差距，兩三年後基本上也會持平，因為經過一兩次調整，兩個人的薪酬會趨向同級員工的平均水準，起薪低的人上調的幅度較大，起薪高的人只會有較小的上調空間，甚至會持平。類似地，在一個效益好的公司裡，一個努力工作、卓有成就的人，即便沒有什麼根基，幾年下來一定比混日子和靠關係進來的人得到的機會多。為什麼會這樣呢？因為如果一個公司只是任人唯親，用不了多久就會在社會上被淘汰，而沒有被淘汰並在社會競爭中存活下來的，都是比較值得信賴的公司。當然，這一切都是以社會本身提供了競爭環境為前提，像中國古代或者中世紀歐洲那種專制的環境，不具備上述特性。

市場的有效性要從宏觀上和整體上看。在一個特定瞬間、一個具體的交易中，可能會出現雜訊，讓有效性暫時喪失。這就如同你把一根直線放到放大鏡下去看，它是上下起伏的一樣。

因此，很多人看到宏觀規律在局部起伏之後，試圖把握每一次微小的浮動，從中獲得更多的利益。這種做法並非沒有成功的先例，比如那些短期內在股市上賺到錢的人都是微小浮動的受益者。不過從長遠來看，這些浮動有上有下，一個人不可能永遠賭對所有的浮動方向，而且賭對一次和賭錯一次疊加的結果通常不是中性的，而是會比之前有所損失，因此長期把注意力放在微觀波動上的人會有損失。此外，無論是交易證券、投入或者退出一個產業，還是換工作，都是有切換成本的。這就如同你想要改變一個物體原有的慣性，就要施加外力，而這是需要耗費能量的。在生活中，你每一次改變所消耗的「能量」就是各種成本。

那麼，是否有人足夠聰明，每一次微小的變動都能把握住呢？借助別人沒有的資訊和工具，這件事在一定的時間內是可以做到的。比如我們說股市是有效的，但是由於在短暫的時間內會有微小的、不那麼有效的情況發生，那麼如果你能有一個比其他人交易更快的機器，是有可能搶在別人前面賺到錢的。由於這種做法是藉由大量的、每次利潤極低的交易累計出盈利的，因此它們也被稱為高頻交易。世界上有一些對沖基金就是這麼做的，它們當中確實有一些在前幾年表現很好。但是，正如我們前面所說，整個世界是有效的，當其他人看到這種高頻交易有利可圖時就會加入進來，並且投入更先進的交易設備，比如為了搶千分之幾秒的時間特地拉一條光纖到交易所，這就使得成本上升、利潤下降，最終這些基金依然只能拿到整個行業的平均水準，甚至像文藝復興科技公司這種曾經創造股市奇蹟的公司，在最近十多年的表現也大不如前。這並不是它的技術不好、人員不努力，而是因為做類似事情的人太多。

經常開車的人都有這樣的經驗，如果眼睛只盯著前方五公尺的位置，會把車開得左右搖擺，這是開不好車的，因此有經驗的老司機的目光都會注視前方。**過分關注局部微小變化的人，會失去對長期趨勢的敏銳度。看清楚這一點，就不要太在意每個局部微小的得與失，事實上它們會互相抵消。**

社會的有效性不僅是經濟學的基礎，也是一條反映社會運作規律的公理。大家可能會發現這樣一個現象，很多看似很聰明的人經常「懷才不遇」，彷彿社會總是在和他們作對，而很多「傻」人則有傻福。其實這個現象反映出前者對於社會有效性的否定，以及後者對於社會有效性的認可。總覺得自己能打敗市場，鑽社會漏洞的人，其實是在試圖去做違背公理的事情。我們都知道，任何人想違背物理學公理都是沒有好結果的，違背社會公理的結果也是如此。所謂「傻人有傻福」，無非是「傻人」對世界敬畏、對他人敬畏、對規律敬畏。**人的境界高低不在於他的智商，而在於對規律的態度。**

不怕慢，就怕停，更怕反覆

凡事不怕慢，就怕停，這個道理我們在小時候聽「龜兔賽跑」的故事時就懂了。其實比起停下來，很多人為了貪一時之快，一輩子總是在走走停停，在一個較長的時間段裡，他們的速度並不快。

大家不妨做這樣一件事，把自己從十歲開始每五年的進步寫下來，這樣你就會發現在很多時間段，進步的速度是非常慢的，有時甚至五年都在原地踏步。如果大家關注一下其他人，就會發現很多人離開公司繞了一大圈，最後又不得不回到原公司，但是很多機會和位置已經沒有了。我們在小的時候為了不輸在起跑線上，恨不能早學半年的課程，結果弄得自己很辛苦。考慮到人一輩子浪費的時間太多了，我們不得不承認，當初搶的那點速度實在影響不了大局。

當然，停還不是最可怕的，更可怕的是後退，是走回頭路，很多國家在減碳上的做法就是如此。這裡面一個失敗的例子就是德國。

作為一個煤炭儲量豐富但幾乎沒有石油的國家，德國工業在很長一段時間裡依靠煤炭，而煤炭產生同樣能量排放的二氧化碳幾乎是石油的兩倍。二戰後，德國一方面進口石油，另一方面發展核能。到二十一世紀初，德國的能源結構已經比較合理了，燃煤只占到能源供應的四分之一以下，而且還在不斷減少。

二〇〇五年，安格拉．梅克爾上台後推動了更激進的清潔能源計畫，大幅減少對化石能源的依賴。當時，民眾因為烏克蘭車諾比核電站洩漏事件產生了對核洩漏的恐懼，全民公投決定逐漸關閉核電站。但如果這樣，德國可再生能源產業發展得再快，也很難趕上傳統能源退出所產生的漏洞。於是梅克爾在任期內實施了一項非常有爭議的計畫，即從俄羅斯大量進口天然氣，彌補關閉核電站所產生的能源不足問題。為什麼這項計畫有爭議呢？一方面是因為使用天然氣依然會產生二氧化碳，只不過比使用煤炭減少了一半而已，遠比不上二氧化碳近乎零排放的核能。另一方面，近來的研究表明，雖然天然氣產生的二氧化碳少，但是它的主要成分甲烷所造成的溫室效應卻是二氧化碳的近百倍，而開採天然氣難免會有部分洩漏。當然這些還不是主要的爭議焦點，最大的問題在於德國本身不產天然氣，需要從俄羅斯進口，而把自己的能源命脈交給一個並不安定的國家是很危險的。儘管國內有很多反對聲音，但是強勢的梅克爾還是在她長達十六年的任期內推行了依賴俄羅斯天然氣的政策。最終，在二〇二二年俄烏戰爭期間，這一政策釀成了德國的能源危機。德國沒有辦法，只好重新啟動燃煤電廠，解決天然氣短缺的問題。這樣，德國在過去十幾年裡減碳方面的努力就大打折扣了。德國原計劃在二〇四五年實現全國的碳中和，而為了實現這個目標，至少要在二〇三五年實現發電領域的碳中和。二〇二二年，德國在提交聯邦議院表決的草案中，二〇三五年的這一目標已被刪去，因為現在看來已經很難達到了。

當然有人會說，梅克爾制定政策時也沒想到歐洲會發生戰爭。治國不是角色扮演遊戲，哪能什麼風險都不考慮，更何況是制定影響國家幾十年的政策。

類似的情況也出現在很多其他國家，雖然它們沒有像德國那樣受到戰爭的影響，但是因為淘汰傳統能源太快而出現能源短缺，不得不恢復使用煤炭，這讓那些國家又走回過去的老路。一些國家二氧化碳的排放在逐年減少了幾年之後又開始增加了。

這種反反覆覆，大約十年的時間就浪費了。

對個人來說，有的人努力了很長時間，一旦走回頭路，不僅有可能回不到原點，還可能後退不少。做過投資的人都懂這樣一個道理，你先賺了五〇％，又賠了五〇％，最終只會剩下原來資產的七十五％。

我小時候讀《水滸傳》，很羨慕那些快意恩仇的好漢，也為他們後來的遭遇感到惋惜。後來再讀《水滸傳》，我就不讚賞裡面好漢們的選擇了。這些人幾乎都是繞了一大圈回到原點，原來捕魚的還是捕魚，種地的還是種地，當軍官的還是當軍官，但絕大部分人丟了性命。對於社會，他們也沒有什麼貢獻，在伸張了一些正義的同時也欺壓殘害了很多無辜的人。總之，一切回到了原點。後來我做事就堅持一個原則：不折騰。

黑格爾在他的《世界史哲學講演錄》一書中指出，人類實際上有三種歷史：社會的歷史、文明的歷史和反省的歷史。過去中國「二十四史」中所描繪的歷史其實只是社會的歷史。文明的歷史在過去是被全世界的史學家所忽視的，但它實際上才是社會進步過程中最重要的部分。和其他歷史不同，文明的歷史是一直向前的，一項科學成績、一種技術一旦出現，就會對社會產生影響，世界就不會退回到沒有那種技術時的狀態。這一點我在《文明之光》和《全球科技大歷史》中都詳細地介紹過了，這裡不再贅述。反省的歷史是促進人類向善、社會變好的動力。沒有了反省，人類會不斷地犯錯，原地踏步。整個歐洲從古希臘開始的歷史，就是人們不斷思考、不斷反省的歷史，所以同樣的錯誤才沒有犯更多遍。

人也是如此。我經常利用黑格爾的這個工具，把人的一生分為活動的經歷、進步的經歷和反省的經歷。活動的經歷就是人們經常說的生存、生活、學習、工作等經歷。如果人一生的經歷僅僅是每日的這種活動，是不會有什麼進步的。在農耕時代，如果一個農民每年年初訂一個計畫，年底做一個總結，他只要把每年的年號換一個，其他內容幾乎不需要改變，因為他的生活是一種循環，不是進步。今天我們雖然已經遠離了農耕時代，但很多人的編年史依然和過去的農民沒有什麼區別。我們希望看到的是在每個人的編年史中進步的痕跡。這種進步哪怕慢，也不應該原地踏步或者簡單循環，更不能後退。因此，**人需要不斷提升自己的能力。人的財產、地位和榮譽都有可能消失，但本事是屬於自己的，一旦掌握了，別人就拿不走。**

除此之外，每個人作為獨立的個體也需要不斷反省。一個人如果能夠每過一段時間就記錄一下自己的得與失，然後進行思考和反省，想要進步得慢都難。在今天的現代管理制度中，考核和評定實際上就是一種強制的反省制度，但遺憾的是，絕大多數人會把自己的考核評語扔到一邊，從來不反省別人指出的不足。能夠認認真真讀一下自己的考核評語，並且刻意改正自己缺點的人，在公司裡通常都會晉升得很快。

當然，我們在一點一點地進步時，希望的是自己在做乘法，而不是做加法，這就是我們接下來要談的內容了。

可重複的成功

我們先來看兩張圖，這是兩位醫生做心臟繞道手術的紀錄，○代表成功，×代表失敗。第一位醫生收費十萬元，第二位醫生收費三萬元，你會找誰做手術？

○	○	○	○	○	○	○	○	○	○
○	○	○	○	○	○	○	○	○	○
○	○	○	○	○	○	○	○	○	○
○	○	○	○	○	○	○	○	○	○
○	○	○	×	○	○	○	○	○	○
○	○	○	○	○	○	○	○	○	○
○	○	○	○	○	○	○	○	○	○
○	○	○	○	○	○	○	○	○	○
○	○	○	○	○	○	×	○	○	○
○	○	○	○	○	○	○	○	○	○

第一位醫生

○	○	○	○	○	○	×	○	○	○
○	○	○	○	○	○	○	○	×	○
○	○	○	×	○	○	○	○	○	×
○	○	○	○	○	×	○	○	○	○
○	×	○	○	○	○	○	×	○	○
○	○	×	○	○	○	○	○	×	○
○	○	○	○	×	○	○	○	○	○
○	○	○	○	○	×	○	○	○	○
○	○	○	○	○	○	×	○	○	○
○	○	×	○	○	○	○	○	○	○

第二位醫生

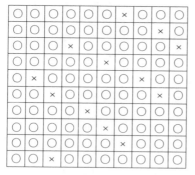

雖然兩位醫生大部分時候都能把手術做成功，但是畢竟第二位醫生時不時要出事故，而第一位醫生手術表現要穩定得多。考慮到我們的性命有可能終止在手術台上，所以我們寧可多花點錢也要找第一位醫生。

不斷複製成功是一種能力

可見，可重複性的成功，對人類、對個體都是至關重要的。

我在大學讀《曾國藩家書》時讀到一個細節，曾國藩經常在信中告誡家人，不要信鬼神、信巫師、信醫生。為什麼不要家人相信醫生呢？曾國藩說，良醫七分治人三分害人，庸醫三分治人七分害人。曾國藩的觀點在當時是很普遍的，因為醫生能否治好病人的疾病基本上是一個隨機事件，即便是在相同的條件下，複製過去的成功也不是一件容易的事情。類似的情況也發生在歐洲，當時近一〇％的產婦死於產褥感染，一個助產師讓前一個產婦平安出院後，並不能保證接下來的產婦平安。事實上在過去，不僅在中國，在西方大家對醫生也是將信將疑的，因為醫生在治療疾病上的成功很難被複製。全世界普遍相信現代醫學，是青黴素發明之後的事情。

不僅是診斷疾病這種帶有不確定的事情過去的人做不好，就連印染綢緞、製造瓷器這種事，古代的工匠也不敢保證第一批做成之後第二批還能做成。《紅樓夢》作者曹雪芹的家族過去兩代擔任江寧織造，為皇家提供絲綢錦緞。到他父親曹頫（一說曹顒）擔任這個職務時，製造出的錦緞居然掉色，結果被革職，這是他們家族衰落的原因之一。歷史學家通常會把這件事簡單地歸結為曹頫辦事不認真，但是印染綢緞這種工藝成熟的工作放在今天做不好都難，而在當時，做出兩個批次同樣品質的產品並非易事。

今天我們把這種現象稱為「不專業」。大家看專業選手打球，他們每一次揮拍或者揮桿動作基本上是一致的，同樣的動作產生的球速和落地都是相同的，這樣他們就可以在球場上貫徹自己的意圖。相反地，業餘選手打球總是球滿天飛、滿場飛。這些人偶爾也能打出好球，甚至會歪打正著，讓對手猝不及防，但更多的時候打出的都是爛球。不專業會導致隨意性和不確定性，因此幾輪交手後，專業選手和不專業的選手高下立判。

一個人無論在什麼方面想要走得比別人更快，取得可重複的成功是一個最基本的要求。對自己來說，學會做一件事之後就總能做成，不僅能節省時間，而且能夠增強自己做成事的信心。對他人來說，這樣的人才值得信賴，所以能獲得更多的機會。如果一個人做事時靈時不靈，你是不敢把重要的事情交給他的。經營過互聯網企業的人都有這樣的經驗，如果互聯網的服務不穩定，哪怕每天只有五%的時間服務中斷，不出一週後，用戶也會跑掉一半。

不斷複製成功是一種能力，但是很多人並不重視這種能力，覺得一件事自己做成功過，就等於會做了，遇到同樣的情況都能應對自如，但事實並非如此。不信的話，你可以做一下小學生的加減法練習題，很多人還真不能每次都答對，這件事我是經歷過的。

「文革」結束之後，清華附中鑑於「文革」期間學生的學業差距較大，出了一百道正負數的四則運算題摸底。這些題目極為簡單，都是個位的整數運算。當時很多國中生做完不及格並不奇怪，奇怪的是，他們的家長，也就是那些大學老師出於好奇拿起來做，很多人也拿不了滿分。當時我上小學五年級，已經能做這些題目了，我當時對那些叔叔阿姨會做錯這件事很吃驚。後來我明白了，很多人雖然本事不小，但自始至終就沒有掌握複製成功的方法論。

複製成功的方法

當成功不可複製時，不僅人的進步慢，整個人類的進步都會很緩慢。人類從有文字到近代經歷了六千多年，進步速度之慢超乎大部分人的想像。要知道，當年古巴比倫人工作一天能獲得六至七升的穀物，而在中國全面開始工業化之前，農民的收入水準和當年的古巴比倫人沒有什麼本質區別。如果讀一讀歷史就會發現，在近代之前，無論是在政治上、商業上還是在文化藝術和科技上，一個人的成功經驗很少被他人、被後人學習到。因為人們既搞不清楚成功的原因，也總結不出複製成功的步驟，甚至成功者自己都不能再複製一次，但是失敗的情況卻變著花樣地出現。

人類真正做到把複製成功變為常態，是近代以後的事情。這主要是因為人類從那個時期開始受益於理性主義的方法論，對此貢獻最大的是笛卡兒和萊布尼茲。他們總結出了一整套所有人都容易學會，而且非常管用的科學方法。按照他們的方法，不論是誰，都能很容易地複製過去自己以及他人的成功，而且面對以前沒有解的問題，也能一步步找到答案。我把他們的方法總結為「刨根問底」和「按部就班」八個字。前四個字概括了萊布尼茲的哲學思想，後四個字概括了笛卡兒的方法論。

萊布尼茲強調凡事有果必有因，除了像「單身漢就是不在結婚狀態的人」這種自己解釋自己的真理，任何真理都有成立的原因和存在的條件。因此，我們不能滿足於僅僅知道真理本身，還需要刨根問底，搞清楚它們成立的原因，這是我們獲得可重複的成功的基礎，我們不妨來看一個簡單的例子。

我們都知道水燒到攝氏一百度就會開，但是又有多少人真的想過它為什麼會開呢？你跑到青藏高原去燒水，水燒到攝氏八十度就開了，但做出來的飯都是半生不熟的，以前的成功經驗就不可重複了；你在一個水質較硬的地方燒開水，燒到攝氏一百度還沒有開，顯然這也無法重複過去的成功經驗；你用微波爐加熱水，水看似沒有開，結果從微波爐裡拿出來的時候不小心一碰，水就會炸出來把你燙傷了，水燒到攝氏一百度就會開的經驗又沒有重複。

你是否注意到，人這一輩子時常會遇到這種「意外」。但是，當你知道了水為什麼會從液態變成氣態，不僅上述現象都能解釋，還能知道在不同情況下會得到什麼結果。因此，萊布尼茲告訴世人，我們只有透過理性，搞清楚真理成立的充分條件，才能搞清楚問題的本質，才能回答所有同一類的問題。

講回前面提到的產褥感染，這種奪走無數產婦生命的疾病是如何被控制的呢？這要感謝一位叫伊格納茲·塞麥爾維斯的匈牙利醫生，他發現了產褥感染和接生醫生經常做實驗導致手不乾淨有關，因此他提出醫生要洗手。出問題的原因找到了，產婦的生死就不再是一個隨機事件了。當然，塞麥爾維斯並不知道為什麼手不乾淨就會讓產婦染病。後來，著名的生物學家路易·巴斯德和醫學家約瑟夫·李斯特發現，原來我們肉眼看不見的細菌會導致疾病，於是在醫療上一整套消毒流程被總結出來，不僅產婦不會死於感染，做手術或者其他治療的死亡率也大大下降。

近代以來，科學和技術迅速發展，人類的文明成就不斷革新，這和人類懂得如何尋找問題的真正原因，而不是胡亂猜測原因有關。在此之前，人們遇到問題都是胡亂找原因，胡亂給出解釋。有些時候碰巧找到的原因是對的，事情就做成了，但是條件稍微一變，成功就不可複製了。近代之後，人類掌握了科學地研究問題、解決問題的方法，這裡面貢獻最大的是笛卡兒，他總結出一套科學方法，寫成了《方法論》等論著。笛卡兒的方法論教會我們一種能夠不斷成功的做事方法，它分為五個步驟。

第一，先提出問題。提出問題是解決問題的第一步，有時也是關鍵的一步。

第二，大膽假設，小心求證。這也是一句名言，但它實際的涵義並不是字面意義這麼簡單。笛卡兒是這麼說的，「首先，我們一旦認定已經正確地感知了某件事，就會自發地相信它是真實的。現在，如果這種信念如此堅定，以至我們不可能有任何理由懷疑所確信的東西，那麼我們就不會再進一步探究為什麼了：我們已經懂得了想要的一切……因為我們對所做出的假設是如此確定，以至我們根本不相信它們會是不對的，而這樣的假設，分明就是最完美的肯定」。

從這段話可以看出，所謂的大膽假設不是胡亂假設，而是說不能事先設定結果，那樣會把可能的原因排除在外。關於如何求證，笛卡兒認為需要進行實驗。這裡，笛卡兒講的實驗不限於科學實驗，比如，你按照某種理論投資一檔股票，然後看看結果是否符合預期，就是一次實驗；你借給張三五百元，看看他是否能按時還，也是一次實驗。

第三，從實驗中得到結論和解釋。得出結論相對而言是一件容易的事情，但是給出合理的解釋卻不容易，只有完全符合邏輯的結論才是正確的結論。有些時候，同一個現象可以有不只一個符合邏輯的解釋，我們一時難以判斷哪個是正確的，哪個是錯誤的，但是不同的結論總是有好和不好的差異，而我們要相信的是那些相對好的結論。

第四，將結論推廣並且普遍化。只有這樣我們才能舉一反三，才能獲得可重複的成功。

第五，將結論推廣到實踐中，找出新的問題，如此循環。我們學習知識也好，獲得技能也罷，不是僅僅為了知道它們，而是希望透過使用它們獲得更多好處。但是，我們在使用它們的時候，必然會遇到新的問題，為此，我們需要重複前面的四個步驟去解決問題。這樣，當掌握了做事情的方法時，我們就不怕遇到新的問題了，也只有這樣才能不斷獲得成功。

在笛卡兒提出方法論之後，科學成就和新技術便井噴式地湧現出來，因為任何人掌握了科學方法論都有可能做出發明創造。而在此之前，發明創造是少數聰明人運氣好的偶然發現，不可重複，因此人類進步特別慢。更要命的是，一些偶然的發現都未必能重複，因為它們可能就是機緣巧合的結果。

今天，我們要花很多時間學習基礎科學知識，很多人覺得自己今後也不從事科學研究，學習這些知識是浪費時間。其實學習科學重要的不是記住那些知識點，而是明白這個世界背後最基本的原理，這是我們今後獲得可重複成功的基礎，當然比這更重要的是學會科學的方法，讓我們能夠不斷解決各種未知的問題。

世界上做事情的方法論有很多種，但只有科學的方法論才能保證複製自己和他人的成功。我們為什麼要花那麼多時間學習基礎知識？因為當我們真正學會了那些知識，就可以輕而易舉地複製前人花了千百年才能取得的成就，讓我們有一個很高的起點再往前走。今天科學的方法不僅被用於科學和技術領域，而且被廣泛應用於各行各業。

著名的NBA（美國職業籃球聯賽）籃球隊金州勇士隊，團隊管理者都是矽谷的科技菁英，他們為球隊安排了數據分析的工程師，球隊每次遇到問題時，解決問題的方法就非常符合笛卡兒的方法論，而不是憑感覺、憑經驗來。比如球隊面對超強對手時會有很大的防守壓力，為此球隊做了很多嘗試或者說實驗。他們在電腦的幫助下，發現了卓雷蒙·格林在各方面條件雖都不起眼，卻能有效防守包括詹姆斯在內的超級球星，隨後教練在戰術中專門安排了格林的角色。兩年後，格林就入選了全明星隊。

我和格林當面交流過，格林說，球隊成功的關鍵是大家要明白為什麼贏了，為什麼輸了，教練為什麼這樣制定戰術，這樣球隊才能不斷進步，不斷贏得比賽。另外，勇士隊的主力球員都是自己培養出來的，因為他們有一整套培養球星的方法。很多年輕球員在勇士隊歷練一段時間後轉會到其他球隊，馬上就會成為主力球員。勇士隊透過採用科學的方法，做到了讓成功變得可複製。這支球隊在過去的八年裡，六次進入總決賽，四次獲得總冠軍，成為二十一世紀最亮眼的籃球隊之一。

因此，當我們能夠獲得可複製的成功之後，就可以考慮再往前進一步了，做出一點過去他人沒有做出的成就，當然這些成就需要在前人成就的基礎上做疊加，而不是從零開始。

可疊加的進步

只是重複過去的成功仍然很難為社會帶來實質性的進步，而任何實質性的進步都需要在之前的基礎上做疊加。為了便於理解什麼是可疊加的進步，我們先來做一個簡單的遊戲，遊戲有兩種方式。

第一種方式：你面前有一張紙，紙上寫好了三個成語，比如「圍魏救趙」、「自相矛盾」、「鴉雀無聲」。你可以從這三個成語中的任何字出發，查字典找出新的成語，然後再寫到紙上。接下來你又可以從紙上的任何字出發，繼續查字典找成語。給你十分鐘，你能寫出多少成語？

第二種方式：你面前有一張白紙，你可以把想到的成語寫上去，但是你每寫好一個成語就要被覆蓋起來，然後你需要再想一個成語寫上去。同樣是十分鐘，你能寫出多少成語？

請問以上哪一種方式寫出來的成語多？毫無疑問，是第一種。因為前面的成語提示了後面的成語，或者說後面的成語是疊加在前面成語基礎之上的。如果採用第二種方式，每一個成語都是腦子靈機一動想到的，彼此沒有什麼關聯，那麼你會發現，到後來你經常會把前面已經寫過的成語再寫一遍。

可疊加的進步很重要，對社會和個人都是如此。我們先說說社會。

偉大的發明都是疊加的結果

人類在歷史上的進步有兩個高峰，從軸心時期到古典文明時期是第一個高峰，近代科學革命以來是第二個高峰，在這中間是長達千年的低谷。兩個高峰時期有一個共同特點，就是它們的進步是在前面基礎上不斷疊加的。低谷時期則相反，它是一個不斷循環重複的過程。

所謂軸心時期，是指從西元前八世紀開始到西元前三世紀左右，在歐亞大陸北緯二十五度到北緯三十五度之間的一個地理帶上，各個早期文明同時在哲學思想和宗教領域達到一個高峰。孔子、佛陀、古希伯來的眾先知、波斯的瑣羅亞斯德（別名查拉圖斯特拉）和古希臘的「三傑」（蘇格拉底、柏拉圖、亞里斯多德）都生活在那個年代。人類的哲學、思想和宗教基礎都是在那個時代奠定的。隨後的東西方古典文明，即東方的秦漢帝國和西方的羅馬帝國，是建立在軸心文明基礎之上的。古典文明結束於西元五世紀，無論是技術、經濟還是社會整體發展水準都在這個時期達到了一個高峰，同時也奠定了天文學以及數學中的幾何學的基礎。

人類進步的第二個高峰始於十七世紀直到今天，這個時期的進步也是不斷疊加的。在兩次高峰之間的便是東西方長達千年的緩慢發展階段。西方直到文藝復興後期和大航海時代開始，才重新有了真正意義上的科學，而東方是近乎長達兩千年的王朝更替模式，到十九世紀初，中國的人均收入相比於西漢初年都沒有本質的提高。中世紀最大的亮點是伊斯蘭文明，但它的黃金時代只有短暫的三個世紀而已。

為什麼人類在長達千年的時間裡鮮有進步呢？過去很多人把它簡單地歸結為

中世紀的黑暗，今天已經否定了這種看法。事實上，中世紀真正黑暗的時期在八世紀就已經結束了。從八世紀開始，歐洲經歷了所謂的卡洛林文藝復興（Carolingian Renaissance）。卡洛林王朝的查理大帝及其繼任者在歐洲推動著早期的文藝復興運動，在文學、藝術、宗教典籍、建築、法律、哲學方面都有所進步。國王和教會從那時開始恢復和興辦學校與圖書館，教士開始研究自然哲學，也就是科學，並且一些學者還取得了成就。到十一世紀，歐洲已經出現了現代意義上的大學。但是，在那長達幾百年的時間裡，人類沒有什麼拿得出手的成就。中世紀的學者鮮有交流，各地研究自然哲學的修道士們不停地研究同樣的東西，後人不斷犯著和前人相同的錯誤。因此，今天在寫科技史時，幾乎可以把這段時間跳過去。中國的情況也類似，技術總是重複著發明、失傳、再發明、再失傳的循環。因此，無論是西方還是東方，在整個中世紀，都沒有建立起任何新的科學體系，以至當近代科學真正起步時，要在古希臘的基礎上開始。

那麼，古希臘和近代的科學與世界上其他的知識體系有什麼不同呢？它們有三個顯著特點，即經得起驗證的公理、邏輯一致和可疊加的知識結構。我們知道，整個歐幾里得幾何學都是建立在五條非常簡單的公理和五條顯而易見的公設基礎之上的，這些公理經得起檢驗。然後從這些基本的公理出發，經過邏輯推理，能夠建立起整個幾何學大廈。在這個知識體系建立的過程中，所有的定理是一層一層疊加的，如果想得出一個新的結論，不需要每一次都回到公理重新推導，而是可以利用所有已經被前人證明的定理。今天無論是誰，只要學完了小學數學就能看得懂《幾何原本》。於是，古代人花了上千年總結出的幾何學知識，我們很快就學會了，因為我們重複了他們的成功。如果我們當中有人足夠聰明，就可以為幾何學貢獻一個新的定理。如果我們不打算當數學家，在工作中遇到問題需要幾何學知識，前人建構的整個知識體系都可以直接拿來使用。

到了近代，現代的科學也是這麼建構起來的。近代以來最有影響力的科學著作是牛頓的《自然哲學的數學原理》（簡稱《原理》）。大家如果翻開《原理》，並且比較一下《幾何原本》，就會發現它們的結構完全一樣。實際上，牛頓正是按照《幾何原本》的格式和風格寫《原理》的，而牛頓等人也是按照幾何學的結構建構物理學體系的。這樣，從十七世紀開始，整個科學的大廈就迅速建立了起來。如果大家詳細了解一下科學發展的歷史，就能體會這種可疊加的重要性了。比如在物理學方面，從牛頓到馬克士威，再到愛因斯坦、波耳等人，他們的工作都是在已有的物理學大廈上添加一層。不僅科學如此，技術、工程和商業也需要疊加效應。瓦特發明了萬用蒸汽機，它和過去的紐科門蒸汽機沒有什麼疊加關係，而是脫胎於牛頓力學。但在此之後，富爾頓的蒸汽船、史蒂芬生的火車，以及賓士早期的蒸汽機汽車，都是在瓦特工作的基礎上疊加的結果。到了第二次工業革命時期，內燃機出現，它最早脫胎於熱力學理論，然後奧托發明了內燃機，隨後戴姆勒和賓士等人在此基礎上發明了內燃機汽車，萊特兄弟發明了飛機。

在古代，有很多自學成才的科學家和發明家，但是近代之後，這種可能性變得微乎其微。無論是做科學研究還是發明創造，都需要在前人成就的基礎上做疊加。同樣的道理，在古代和近代早期有一些全能型的學者，比如亞里斯多德、阿奎納和牛頓，但是近代以後這種人幾乎不可能出現了，因為古代學者的研究經常是從零開始的，而近代以後的研究需要在前人的基礎上做疊加，因此需要先花不少時間了解過去千百年來人們已經做完的工作。所幸，學習別人的經驗比自己摸索要快得多。

今天一個國中生的物理學水準，都比當年的伽利略高，原因就是他們站在了前人的肩膀上，透過短短一兩年的學習掌握了人類幾千年的累積。很多人問我，為什麼要在學校裡學習，而不是從大學退學，然後在工作中摸索。理由很簡單：大家需要在之前的人類成就上做疊加。

真正偉大的發明都是疊加的結果。彼得．提爾在他的《從0到1》一書中舉了四個典型的從〇到一的例子，包括蘋果電腦、微軟的Windows作業系統、Google的搜尋引擎和特斯拉的電動汽車。其實這四項發明都是在已有的發明基礎上疊加的結果。蘋果電腦的原型是全錄公司的Alto個人電腦。微軟的Windows作業系統是仿造蘋果麥金塔作業系統設計的。在Google之前Inktomi和AltaVista已經有了搜尋引擎的服務。至於特斯拉的電動汽車，在它之前通用汽車就有了電動汽車EV1，而更早的時候，福特和愛迪生還發明了電動汽車的原型。即便是特斯拉設計出自己的電動汽車，第一款也不過是把蓮花跑車的引擎換成電動機而已。這四家公司做的真正有意義的事情在於，它們在原有技術上疊加了一層之後，又為其他人在它們的基礎上進一步疊加打下了基礎。

疊加經驗，更上一層樓

回到本節開始那個遊戲，在學校裡系統地學習知識，就相當於手上拿了一本字典，遇到那個字，想找一個相應的成語，從字典裡查就可以了。沒有系統地學習過，就相當於每次都是拍腦袋想，除了自己知道的那幾個，想不出新成語。

人一輩子做事，最有效的途徑是能夠把之前的特長和經驗作為完成當下任務的起點，而在做當下的事情時，又為更上一層樓做好準備。很多人問我為什麼能跨界成功，如果我做的事情算是跨界、算是成功了，那是因為我比較巧妙地用好了疊加效應。

在上大學以前，我沒有學過電腦課程，不過我的數學基礎還不錯，因此後來學習電腦科學時就借助了我的數學基礎。等我從事了一段時間的計算機工作，能夠熟練應用這個工具解決問題了，我又換了一個專業，去學習通訊和資訊處理了。如果我放棄過去的專業知識從頭來做硬體，那就是在低水準上重新做一件新的事情，就收不到疊加的效果了。今天很多人讀研究生時換專業，或者後來換工作，都沒有利用好之前的知識和經驗，甚至是推倒重來，這樣就降低了自己的起點。我比較幸運的是，我的導師讓我自己選擇研究主題，於是我選了一個能夠大量用到電腦演算法和程式設計，而一般電子工程專業的學生又不太擅長的課題去研究，這樣很快我就在那個領域做出些成績，也確立了我在語音辨識領域的地位。

幾年後，我到美國讀博士，又回到了電腦系。如果我選擇一個單純的電腦主題來研究，那麼我和其他同學處在同一個水準上，並沒有什麼明顯的優勢，但是我對通訊和資訊處理的了解比他們多，於是我又找到一個必須要用到這方面知識的主題：機器學習的演算法。經過幾年的研究，我取得了一些其他人不容易做出的成績，在美國的學術界站住了腳。後來我到了Google，在Google的前幾年我不得不放棄做研究轉而做開發，相比工作多年的工程師，其實我沒有什麼優勢，於是我花了一段時間，找到了和我熟悉的自然語言處理相關的專案。當時Google懂自然語言處理的人一個巴掌就能數出來，這樣我又站住了腳。

再往後，我的經驗不斷累積，但我每次尋找下一個任務時依然比較謹慎，並恪守兩個原則。第一個原則，確保這項任務依賴我過去的經驗，這樣別人做不好，我能做好，我的價值才能體現出來。第二，這個任務的完成要讓我的經驗有所增加，以便我能夠有更大的發展空間。可疊加的進步有點像爬樹，當你站到一定的高度後，需要在目前的位置往上爬，不要橫著走，更不能跑到樹底下另選一棵樹重新爬。同時，要確保往上爬的方向不是一個樹枝的末梢，而是一個大樹幹。如果你爬到一棵大樹的末梢，即便看起來爬得很快，也無法再往上走了。

因此，我婉拒了很多公司的邀請，因為那些工作是重複我所做過的事情。如果我為了錢接受那些工作，在長達好幾年的時間裡就會原地踏步，甚至會知識老化，等我下一次尋找新的機會時，只能退回到幾年前的基礎。

雖然不同人的能力差異很大，但是每個人都可以優化自己的做事方式，在自己力所能及的範圍內取得更大的成就。而最有效的做事方式，一定是疊加了各種經驗之後更上一層樓。

本章小結

了解了世界的有效性，有了正確的成本意識，我們就懂得了世界上其實沒有捷徑可走。從長遠來看，不存在什麼只有自己看到的，別人沒有發現的好機會。人唯一能做的就是少在低水平上重複，少做無用功，確保每一次成功在將來都可以重複，每一個進步都是在為後來進一步的發展鋪好道路。

03

認知躍遷

經歷和經驗

近代以來，人們一度認為理性可以解決一切問題，這種想法一直持續到十九世紀末二十世紀初。最初開始思考理性局限性的人是哲學家尼采，他發現以理性為認知基礎的工業文明似乎走到了盡頭。

到二十世紀初，邏輯學、數學和自然科學上的一些結論，否定了純粹理性能夠解決一切問題的可能性，比如，哲學家、科學家哥德爾證明了不可能存在一個既邏輯一致又包羅萬象的知識體系。於是人們開始重新思考經驗的作用，比如堪稱二十世紀最偉大科學家、哲學家的卡爾・波普爾，最核心的思想就是否定了科學理論的絕對真實性，強調要透過經驗證偽科學達到發展科學的目的。

對個人來說，是否對經驗主義有正確的認識，是否善於累積經驗、利用經驗，決定了你有多大的可能會犯錯。

當別人犯錯，而你不犯錯時，你就贏了。

經驗比理性更重要

人們在處理多維度的複雜問題時，理性通常是不夠用的，需要靠經驗。

六十多年前，人類第一次提出了人工智慧的概念，想像著透過人為設定的規則讓電腦變得聰明起來。但是在按照那個方向努力了幾十年後，人們發現世界的問題太複雜了，人類有限的理性是不夠用的，即便是日常生活中很多簡單的問題也不能單靠理性來解決。比如，你如果問人工智慧專家和大眾這樣一個問題：讓機器人下棋戰勝人類世界冠軍，和讓機器人下樓替你買一杯咖啡，哪件事更難實現？退回到二〇一六年AlphaGo戰勝李世乭之前，除了人工智慧專家，幾乎所有人都認為買咖啡更容易，因為那件事小學生都能辦得到。但事實上，今天最先進的機器人也辦不到這件事。而人們做這件事之所以很容易，是因為人具有基本的常識和經驗，而電腦不僅沒有常識，我們甚至也不知道如何讓它透過經驗的累積獲得常識。

我們在日常生活中遇到的很多事情比買一杯咖啡要複雜得多，只是我們習以為常，感覺不到它的複雜性罷了。如果是需要很多人一起做的事情，就更加複雜了，是不可能按照理性所制定的、有限的規則去實施的。比如，各個公司都有各種關於合作和處理糾紛的規章制度，這些規章制度是在理性思維指導下制定的規則，但是大家都知道，工作中要處理好公司裡的人事關係，是不能簡單照搬規章制度的，需要靠經驗。這些經驗看似虛無縹緲，於是有人發明了一個新詞來形容它：情商。

當然，世界上還有很多比日常需要合作的事情更複雜的事情，比如大部分社會問題解決起來就極為複雜，理性的作用在這些問題面前就更加有限了。社會問題通常需要依賴經驗來解決，而那些和社會、文化相關的經驗，也對應一個專門的詞：傳統。

經驗主義的優越性

在世界主要的國家中，有兩個非常看重傳統的國家，它們是英國和日本；而最喜歡透過理性設計制度的國家也有兩個，它們是法國和德國，也是歐洲大陸國家的代表。同樣一件事它們的做法會大不相同。雖然我們在短期內不容易簡單判定哪個方法就一定好，但是應該知道世界上的事情有很多種做法，這樣我們遇到問題時就能夠開闊思路，做出正確的選擇。如果我們把目光放得比較長遠，就會發現重視經驗和傳統的做法會更好。

說起英國，很多人以為它不過是一個失去了當年輝煌的古老帝國；至於日本，很多人會覺得它從二十世紀九〇年代開始就陷入了所謂的二十年發展停滯階段，被中國超越並且差距越來越大。其實這兩個國家被人們低估了，如果你真正到英國和日本生活一段時間，而不是走馬觀花地看一看，就會發現這兩個國家不僅底蘊深厚，而且社會發展水準、國家競爭力和科技水準在全世界都是名列前茅的。以英國為例，它在二戰後（一九四五－二〇二一年）獲得了一〇七個諾貝爾獎，在世界所有國家中排第二，超過歐洲另外兩個大國德國（四十八個）和法國（三十七個）的總和。英國得諾獎的數量雖然比美國的三百七十二人次少[3]，但是人均獲獎的數量卻超過

3 一些科學家出生在歐洲，但是在美國接受教育，並且一直在美國工作和生活，就被算成了美國人。

美國。英國頂級大學的數量也僅次於美國，排名世界第二。此外，作為世界金融中心之一，倫敦的地位依然無法撼動。這些和衰落扯不上邊。日本雖然比不上英國，但是科技和社會發展水準在亞洲國家中遙遙領先。

英國和日本有很多相似之處，比如它們都是島國，近代以來都是海洋貿易大國，都有很長時間的封建制，即國王和貴族共用天下。在歷史上，這兩個國家最高權力都受到制約，今天兩國的君主更是虛位無權。當然，這兩個國家在文化上最大的共同點就是重視傳統和經驗，因此，在外人看來，無論是英國人還是日本人都比較保守。而英國人則將他們重視傳統和經驗的做法上升為一種方法論：經驗主義，他們為此自豪。這種方法論不僅是英國人與生於俱來的做事習慣，而且影響著全世界。

說到方法論，自近代科學革命以來，世界上流行兩種行之有效的、促進了社會進步的方法論，一種是我們前面講到的以笛卡兒、萊布尼茲等人為代表的理性主義方法論，理性主義的代表人物還有史賓諾莎和康德，他們也都生活在歐洲大陸。但同時，在歐洲大陸的對岸，還有一批學者和思想家建構出基於經驗的方法論，即經驗主義，其代表人物有培根、洛克、柏克萊和休謨等人。

防範「理性的自負」

理性主義的好處是能夠找出世界的共性，因此它通常顯示出很高的效率，特別是短時間內的效率。但是凡事總有例外，在例外發生的時候，經驗就顯得非常重要了。這就如同你讓機器人去買咖啡，它會遇到很多你想不到的意外，以至於你事先設定好的規則並不管用。此外，理性主義還有一個問題，就是一些具有強大意志的人會把自己的想法當成理性，然後按照自己的意願建構所謂的完美世界。他們的想法有時是對的，但有時是錯的，而後面一種情況一旦發生，就會造成巨大的災難。從較長的時間來看，純粹依靠理性做事情不可能不犯錯誤，這一類的事情在歷史和現實中不斷地發生。雖然依賴經驗也會造成災難，但通常是微小的、局部的，而絕對理性所造成的災難則是巨大的、毀滅性的。

正是因為在歷史上英國人靠著經驗解決了很多世界難題，英國歷史上最偉大的首相之一柴契爾夫人才會說：「在我生活的年代，人類所有的災難都來自歐洲大陸，而所有的解決方案都來自說英語的國家。」柴契爾夫人是有資格說這個話的，從兩百多年前開始，摧毀了一切社會秩序的法國大革命、橫掃歐洲的拿破崙，以及兩次世界大戰，這些人類歷史上空前的人禍都源自歐洲大陸，而結束這些悲劇的是說英語的英國和美國。當然，歐洲的那些思想家、革命家、君主和統治者經常看不上英國人這種所謂「保守」的做法。他們做事之前有一整套設計好的理論，那些理論都是合理的，甚至是非常好的、超前的，比如法國大革命的理論，但實施的結果卻是人類的災難。因此，著名的經濟學和政治哲學大師海耶克才會說，通往地獄之路是由天堂的夢想鋪就的，因此他警惕人們要防範「理性的自負」。不僅統治者、思想家會有「理性的自負」，我們每一個人也都可能有，因此我們對此要特別警惕。

理性主義的缺陷通常表現在兩個方面。首先，很多合乎理性的結論和做法本身有可能是錯的。比如柏拉圖、亞里斯多德哲學的很多結論，都是透過理性思考得出的，但裡面有很多錯誤。人類早期相信地心說，因為它符合邏輯，能夠解釋我們每一天看到的現象，你不能說它不是理性思考的結果。

其次，即便是「正確的理性」，在實施的過程中也可能產生和想法相反的結果。比較典型的例子就是中國北宋時期的王安石變法。直到今天，很多歷史學家和經濟學家還在思考為什麼那些合理的變法措施實施起來的效果卻適得其反，原因其實就是海耶克說的那句話。不過，那些絕對的理性主義者卻不這麼想，他們認為，「正確的理性」可以創建整個世界的制度與文化，達到完美的境界，別人沒有做到的事情，他們能夠做到。一切含有偏見的、不公平的制度和意識，都可以透過理性加以修正，而一切非理性的產物，比如宗教甚至藝術，在他們看來都是落後的。比如今天有人提出科學至上的說法，覺得科學能解決一切問題，但他們忘記了沒有人文的科學可能就是一場災難。

相比崇尚理性，對熱衷於按照理想重構整個社會的歐洲大陸人來說，英國人對理性的信心沒有那麼強，雖然在歷史上英國也出過牛頓、馬克士威、達爾文和凱因斯這些理性主義的代表人物。人為建構社會的設想在英國也有一些市場，但從來不是主流。英國人更重視經驗，強調人類理性的局限，對世界的規律更有敬畏之心。哲學家休謨曾經這樣對世人發問：「你怎麼知道明天的太陽會照常升起？」在英國的經驗主義者看來，沒有什麼事情是必然發生的，任何結論都需要用經驗反覆驗證，而且要不斷驗證下去。到二十世紀，這種觀點被海耶克和波普爾這些古典自由主義者接受。

雖然英國人注重經驗的做法給人保守的印象，但是英國人的保守並非因循守舊，而只是更喜歡一種審慎的做事態度和方法。事實上，英國人也在不斷地改良、調整，他們習慣於花比較長的時間慢慢達到目的，而不是不考慮後果地變革。我們比較一下英國人和法國人解決社會問題的方式，就能看得一清二楚。

「古典自由主義的鼻祖」、愛爾蘭裔的英國人艾德蒙・柏克曾經專門著書《法國革命論》，詳細比較了法國和英國在實現自由社會時的不同做法。柏克認為，法國的啟蒙思想家提出了關於自由合理卻抽象的原則，隨後革命家們就輕率地、脫離自然地去實踐了，其結果就是那場最為驚人的混亂。與之對應的是，英國人所追求的自由是「得自祖先的一項遺產」（一二一五年的《大憲章》），是繼承而來，而非抽象的哲學和毫無現實根基的概念。不過，英國人所得到的自由，在《大憲章》時代、在柏克時代、在今天都是完全不同的。對比不同時期的英國，你會發現社會在進步，但你看不到中間有哪個突變的環節，只能看到他們憑經驗漸變了幾百年的結果。相比之下，法國人憑藉有局限的理性，建構了整個社會的制度和文化，但到實施的時候，就會發現那些人為設計出來的理想不過是關於烏托邦的臆想。這也就導致法國自近代以來折騰不止，長期無法步入正軌。從一七八九年法國大革命算起，至今還不到兩百五十年，法國就經歷了兩個波旁王朝、兩個拿破崙帝國、五個共和國，算下來每一個政權執政的平均時間還不到三十年。

說到經驗，人們通常有三個理解誤區。第一個誤區是把經驗和經歷混為一談。一些老人憑藉自己的經歷豐富，就認為自己有經驗，就可以倚老賣老，這也讓很多年輕人覺得經驗是老古董，輕視經驗，甚至對自己的無知沾沾自喜。其實經驗不等同於經歷。第二個誤區是把經驗和資歷混為一談。雖然資歷深的人可能有經驗，但他的資歷可能不是透過經驗得到的，因此它們也不是一回事。第三個誤區就是把經驗和傳統看成是固定不變的。事實上，曾經有用的經驗可能會在某個時刻變得一文不值。接下來我們就從這三個誤區入手，談談經驗的用途，談談如何快速獲得經驗。

經歷不等於經驗

很多人會把經歷和經驗混為一談，它們雖然相關，卻是兩回事。經歷人人都有，經驗卻未必。有的人經歷很豐富，但是經驗並不多；有些人則相反，年紀輕輕，經驗就很豐富。

我們先說說什麼是經歷。一個人的一切過往就是他的經歷。在西方求職時，求職者需要提供簡歷，簡歷就是簡單的經歷。「簡歷」一詞在西方語言中叫作 resume，它最初來自法語，至今依然採用法語讀音 ré-su-mé[4]。它的原意是匯總（sum up），也就是把一個人過去的經歷匯總起來。任何人不管有經驗還是沒有經驗，都能寫出一份幾頁紙的簡歷，因為只要把自己的過往列出來即可。但是流水帳式的經

4 英語裡也有 resume 一詞，是「恢復」的意思，讀音是 ri-zu:m。

歷不會吸引人資的目光，他們總要從簡歷中發現對方做成過什麼事情，或者因此獲得了什麼樣的收穫，也就是有什麼經驗。

不要錯把經歷當經驗

那麼什麼樣的經歷不能被稱作經驗，或者說轉變為經驗的效率非常慢呢？通常有這樣三種。

第一種，失敗的經歷。如果你的簡歷中都是做一件事失敗一件事的經歷，然後告訴別人你很有經驗，恐怕自己都會覺得不好意思。

第二種，重複的經歷。比如在過去的五年裡，你一直在公路收費站收費或者在麥當勞賣漢堡，這就意味著你在工作中基本沒有經驗可談。

比這稍微好一點的情況是在飯店的大廳、銀行的櫃台工作了五年。在這類場合工作，雖然每天工作的內容差不多，但是畢竟要和各種人接觸，其中有些人會提出各種古怪的要求。想要應對各種情況，就需要慢慢累積經驗了。直到今天，雖然自動櫃員機和手機應用程式能夠處理很多櫃台業務，但是遇到稍微複雜一點的需求它們就處理不了了，這就需要人工來處理。而人工處理這些事情通常不是靠理性制定的規則，而是靠經驗。這其實也是今天世界各大銀行還保留臨櫃服務的原因，而且越是針對高端客戶的地方，越需要人工來處理，因為他們的要求經常是五花八門的。不過，上述工作畢竟比較單一，多年的經歷能累積起來的經驗並不多。

比上述工作更複雜一些的是在大型企事業單位裡從事專業性比較強的工作，比如軟體開發、財務和法務等，或者在學校裡講課、在醫院的普通內科或者普通外科工作。這些職業看似每天的工作性質差不多，但是由於它們比較複雜，需要比較長時間的練習才能做好。此外，即便是前後兩件看似差不多的事情，其實也會有差別，因此隨著時間的成長，經驗還是會增加的。

當然，因為這些工作的重複度較高，所以幾年後的經驗累積就會慢下來，逐漸變成重複性的工作了。也正是這個原因，如果一個人的簡歷上寫的是十幾年從事著這樣的重複性工作，比如十幾年教同一門課，或從事著同一項技術工作，那麼這個人接下來也只能找一份類似的工作，因為他的經驗局限於此。甚至一些用人單位會想，這份工作做個七八年和做二十年經驗是差不多的，考慮到年齡的因素，有二十年經驗的人甚至競爭不過只有七八年經驗的。

因此，在絕大部分大學裡，教授光靠講課是無法獲得晉升的，他們要做研究，因為研究需要不斷面對新的課題，而不是重複過去的工作。今天，在大醫院裡，醫生也要研究各種疑難雜症的治療；在律師事務所裡，律師要去接越來越複雜的案子，這都是為了避免自己的經歷過於重複。

第三種，無用的經歷。一個人只要不是在睡覺，時間花出去了，哪怕是吃飯、玩遊戲，也會產生經歷，但很多經歷是無用的，產生不了經驗。我能想到的最無用的經歷就是滑短影音，雖然不能說短影音完全是垃圾，但是在裡面找到一點有價值的東西，如同在垃圾堆裡翻找面值不大的硬幣。比滑短影音稍微好一點的是滑社群媒體，再接下來的就是每天花幾個小時通勤、去菜市場買菜、做飯等。事實上，吃飯的價值比做飯高，除非你打算練就一番好廚藝。人每天的時間是個常數，即使當了皇帝，上帝也不會給他二十五小時。因此，減少無用的經歷很重要。

人每天會做很多事情，有些事情是必須做的，你沒有選擇；有些則不同，它們是選項，你可做可不做。

管理大師傑克．威爾許當了通用電氣的執行長後發現，公司裡大部分會議，其實與會的人並不需要那麼多，他們被列入邀請名單，不得不來，但是會議的內容大多和他們沒什麼關係，這既浪費了很多人力資源，又造成了效率低下。從個人角度來說，參加與自己工作沒什麼關係的會議是浪費時間，獲得的是無用經歷，對自己的發展沒有好處。於是威爾許開始改變公司的會議文化，要求每個會議把參加人數降到最低。

很多公司的員工做正事沒多少時間，沒用的會議和學習卻占了大部分時間，一個人在這種地方待十年，能有多少經驗累積下來非常值得懷疑。矽谷大公司在招聘員工時，會對那些在「上一代」資訊科技企業中工作了十幾年，甚至二十幾年的人的經歷打折計算，比如除以二，因為那些人通常做了很多事務性工作，而這些工作卻很少能累積經驗。

經歷和經驗的另一個巨大差別在於，經歷是可以被動獲得的，一個人不用動腦子，只要在社會上活著，就能產生經歷，但是經驗有時需要主動獲取。

古代人對世界的了解和探索大多是被動的，因此從經歷中獲得經驗是很難且很慢的。他們年復一年，甚至一代又一代地做著同樣的事情，然後在某個時間點，某個比較聰明、善於總結經驗的人可能會總結出一些知識，對以前的做事方法進行改進，然後把新的經驗傳遞給後人。但是到近代實驗科學興起之後，人們開始主動地、科學地進行各種實驗，主動獲得經驗。比如，近代德國人伯特格爾發明瓷器時，就是有意識地嘗試瓷土的不同比例，進行了三萬多次實驗，找到了各種成分的最佳比例。他發明的瓷器就是著名的「梅森瓷器」。伯特格爾的實驗有詳細的紀錄，它們至今被保存在德勒斯登國家藝術收藏館裡。今天的人如果想複製那個時代的梅森瓷器依然做得到，因為當時的經驗被完整地保留了下來。

透過各種嘗試和對比來主動獲得經驗的做法非常普遍，並且不僅局限在科學研究上。比如大品牌公司做代言廣告，通常一開始會選擇幾個候選人，然後在不同的地區投放由他們代言的廣告，最後選擇一個最合適的。又比如互聯網公司在更新一個服務時，通常都會隨機選擇百分之幾的流量進行實驗，然後再根據結果決定是否要進行更新。

經驗要不斷被修正和彌補

一個領域的經驗不能彌補另一個領域的不足。

人們在社會生活中需要很多維度的經驗，但是人的經歷經常是單一維度或者只有很少維度的，這就帶來一個結果，很多人在工作中表現非常出色，但是自己的生活卻一團糟。人們經常覺得這樣的人不可思議，其實這也很好理解，因為他們的經歷都很簡單，而他們的經驗大多來自他們的經歷，對於自己沒有經歷的人和事並沒有去主動接觸，也就沒有獲得全方位的經驗。

我從小生活在學校大院裡，周圍的長輩中有很多人一輩子都很少走出學校的院牆。當時我們家一年進城兩次（當時北京只有二環以內算是城裡，海淀區就算郊區了），其他家庭進城的次數也不會更多，因為大家的日常生活在校內就能滿足，也沒有什麼多餘的錢到城裡購物。雖然這些長輩很多是各自領域的專家，但是社會經驗少得可憐。我以前對此沒有太深刻的體會，因為周圍都是這樣的人，後來我走出校門，在社會上打滾了兩年，再回到學校學習和工作後，才發現周圍老師的社會經驗真的很少，尤其是不擅長和人打交道。我在外面兩年累積的社會經驗，遠超過他們二十年在大院裡靠經歷所累積起來的經驗。這裡面的原因也很好理解，在一個領域有經驗，不等於在各個領域都如此。

如今關於提升認知的書非常多，很多人逐漸懂得自己的經歷不足以讓自己有經驗，因此會主動做一些事情，來彌補自己經驗的不足。比如在大學裡，教授會和外面的公司進行一些橫向合作，甚至到一些政府機構和企業掛職一段時間，他們就不再是過去那種「書呆子」了。同樣的道理，在企業裡工作的很多人會在工作一段時間後再到學校裡學點什麼，有條件的人，比如擔任了高管的人，甚至會去商學院學個在職的MBA（工商管理碩士）。在MBA的培養計畫中，基礎知識的學習其實只占一小部分，大量的學習是討論、交流、訪學和完成一些計畫。這實際上就是有意識地彌補自己經驗的不足。

然而，有些經驗需要經歷才會加深。世界上有很多道理光看書是學不會的，因為那是別人的經驗，不是自己的，不經歷一下體會不深。比如，一個人無論聽說了多少別人上當受騙的例子，也不知道該如何防範詐騙，但只要自己真的經歷了一兩次，通常就不會再上當受騙了。今天的網路很發達，獲取知識很容易，但這也讓很多人變得很懶，懶得自己親力親為地獲取經驗。於是，很多擁有大量網路經歷的人，遇到現實生活的難題時腦子裡就會一片空白。

資歷和經驗也不能畫等號

和經驗有關但並不等價的另一個概念是資歷。很多人會把資歷和經驗混為一談，雖然它們有交集，但不是同一件事。資歷包含經驗的部分，但更多的是強調做事的資格，以及過去的業績和貢獻。比如我們常說老資格、論資排輩，就是以過去的經歷、地位和貢獻來決定做事情的資格。論資排輩的做法，實際上是默認年紀大、經歷多、地位高的人就更有經驗、更有智慧，更能勝任一些職位的工作，不過這種假設通常並不成立。

一方面，很多人的資歷是混出來的，不是做出來的。比如很多企業家的孩子，看上去資歷不淺，其實都是靠父母關係堆出來的。這些人通常是有資歷、沒經驗。

很多人試圖拿著看上去很光鮮的資歷來充當經驗在社會上唬人，並且有時還真的唬住了一些人，但是對大部分人、大部分公司來說，這些是沒有用的，否則各公司徵人的時候就不用面試，直接看資歷就好了。很顯然，沒有公司願意冒這個險。另一方面，雖然一些人的資歷和經驗呈正相關，但無論資歷還是經驗都不能靜態地去看待，因為它們會隨著時間而貶值。因此，過去的資歷不代表未來的能力。大家不難發現一個現象，越是經濟落後的地區越講究論資排輩，但是你會發現那裡的老資格真沒有什麼適合當代社會的經驗，他們賴以支撐起自己資歷的經驗早就過時了，或者在其他地區完全沒有用途。相反地，在快速發展的地區，更多講究的是經驗而不是資歷，那裡的年輕人做起事情來經驗還真不少。這也是一些發展緩慢的地區到快速發展的地區取經的原因。

我們什麼時候會信任一個人呢？當我們認定他有經驗的時候。至於他的經歷多還是少，其實我們很少關心，因為你不會去找一個年紀大卻沒有經驗的人請教。我們是這樣看別人的，別人也是這樣看我們的。

失敗不是成功之母

我在《態度》一書中談到一個觀點，就是**失敗未必是成功之母，成功才是成功之母**。這裡面的道理很簡單，一個問題錯誤的答案千千萬，正確的或者最好的答案經常只有一個，否定了再多的錯誤答案，也未必能夠找到正確的答案。這就如同一個孩子知道了二加三不等於六、不等於九、不等於二，卻未必能因此知道二加三等於五一樣。不過，一些讀者在讀了我的書之後問了我這樣一個問題：難道人一開始做事情就能成功，沒有失敗嗎？

這個問題其實是偷換了概念。「失敗是成功之母」指的是失敗有很大的機率可以導致成功，如果失敗後成功的機率非常低，那麼失敗對成功一點幫助都沒有，反而可能有副作用。很多人舉出一些例子，說某個古人經過多少次失敗然後獲得了成功，這種個案說明不了什麼問題。更何況，一開始失敗，後來成功了，並不能說明失敗對於成功有幫助，後來的成功可能另有原因。

為什麼我說成功才是成功之母呢？如果我們具有數學思維，就能很好地理解這個結論了。我們假定前後做的兩件事有關，或者說前一件事的成敗會影響後一件事的結果，這實際上就是數學中的條件機率問題。前後兩件事的成與敗會有以下四種組合：

一、在前面一件事做成功的條件下，後一件事也做成功了，我們把這個機率寫為P（成功－成功）。

二、在前面一件事做成功的條件下，後一件事卻做失敗了，我們把這個機率寫為P（失敗－成功）。

三、在前面一件事做失敗的條件下，後一件事卻做成功了，我們把這個機率寫為P（成功－失敗）。

四、在前面一件事做失敗的條件下，後一件事依然不知道該怎麼做，也做失敗了，我們把這個機率寫為P（失敗－失敗）。

我們需要比較的是第一種情況和第三種情況的條件機率，即P（成功－成功）和P（成功－失敗）哪個大。如果前者大，那麼說明成功是成功之母；如果後者大，那麼說明失敗是成功之母；如果一樣大，說明每一次的成敗都是無關的，你總結經驗教訓也沒用。

稍微有點經驗的人都知道P（成功－成功）比P（成功－失敗）大得多。在生活中，你會把錢交給過去成功的投資人來管理，而不會交給失敗很多次的人，因為你知道雖然過去的表現不完全代表將來的表現，但是成功過的人再成功的可能性要大很多。當然，你也不會把錢交給完全沒有經驗的人管理，因為你很清楚每一次的成敗是有關係的，不是完全無關的。

上一次成功更容易導致下一次成功，前一次失敗更容易導致後一次的失敗，這樣的事情也很容易在生活中得到驗證。大家不妨看一下任何三戰兩勝的體育比賽的結果，比如奧運會的羽毛球、網球比賽等，你會發現二比〇的比分要比二比一的比分多得多。

我對二〇二二年溫布頓網球錦標賽中三戰兩勝的比賽（女單、女雙和混雙）做了一個統計，九十三%的對局都是二比〇，只有七%是二比一。這個結果可能會顛覆很多人的直覺，大家很容易想到，進入溫布頓或者奧運會比賽的選手水準差不多，二比一的比分應該更多才對。事實顯然不是這樣。而在這種二比〇比分占壓倒性多數的背後，說明成功才是成功之母。事實上，矽谷的一些資訊科技企業會考這樣一道面試題，就是從數學上證明二比〇的比分出現的可能性更大。有比較好機率論基礎的人，做這道題目應該沒問題。

當然，我們講了很多機率的內容，不是要證明什麼公式，而是要幫助大家接受失敗不是成功之母，成功才是成功之母的事實。

經常有人問我，難道一次失敗就會永遠失敗下去嗎？當然不會！不過想要從失敗走向成功，我們需要明白三個事實。**第一，從失敗走向成功不是一件容易的事情，不要相信很多心靈雞湯的說法，失敗幾次後，下一次就必然成功。第二，從失敗到成功是有通道、有橋梁的，如果我們不知道，最好向知道的人請教。第三，無論是成功還是失敗，都是一個機率問題，具有一定的偶然性，人能夠做的就是盡人事、聽天命。**明白了這些事實後，我們來看看如何有效地從失敗中走出來，並走向成功。

首先，在做第一次嘗試之前，要做足準備，慎重出戰。我們前面分析了，失敗之後再失敗的機率非常大，特別是第一次失敗對人信心的打擊是巨大的。很多人把注意力放在總結失敗的教訓上，卻忽略了在一開始就要防止失敗。

學工程的人或者在工業界工作的人，經常會說這樣一句話：「某某人動手能力不行。」意思是說那個人理論學得不錯，但做具體的事情時就會搞砸，或者花了好長時間做不出來，這種現象在工業界和實驗科學領域非常普遍。根據我的觀察，只要動手不行的，腦子都比較懶，在動手之前不做好準備，不把所有可能的問題想清楚，以至於一動手就失敗。我在當學生時，以及後來在美國當助教時，總能看到一些同學做實驗總是做不出來，甚至電路一通電就把元件燒了。我在一旁觀察發現，他們通常是匆匆忙忙上手，實驗設備和儀器擺得到處都是，在進行關鍵操作時，沒有經過深思熟慮就開始了。我身邊也有一些人，家裡父輩就是工程師或者實驗科學工作者，他們從小受到家人的薰陶，做實驗從來是有條不紊，通常是一次成功。

想要提高第一次嘗試的成功率，就要嚴格遵循前人確定的步驟一步步來。我的父母在實驗室裡做了一輩子的實驗，我觀察他們及其同事做事情，都是非常嚴格地遵循步驟，即便是可有可無或者很簡單的操作也不能省、不能跳。他們做的那些實驗多少有些危險性，在實驗室中，有高壓電、液氫／液氧、高溫的油和強酸，以及內部高真空的玻璃容器，出了事故，不是燒掉一個電器的問題，而是會發生爆炸，甚至致命。在歷史上，他們的一位同事曾經因為沒有按照規範在切斷電路後把電容器的電也放掉，釀成了嚴重的實驗事故，導致自己大腦受損致殘。因此，他們的研究生在進實驗室的時候，要按照步驟做很多基礎練習才能做自己的實驗。

我到美國之後發現，幾乎所有教授在指導學生做研究時，第一步都不是讓學生做自己的研究，而是要重複前人的研究成果，按照前人發表的論文，把他們的實驗重複一遍，直到得出和論文中一致的結果後才允許他們按照自己的想法做研究。我發現這是一個非常好的做法，因為現代科學研究都很複雜，做成一件事要考慮很多細節，而一個剛入門的新手通常想不到所有的方面，讓學生先按照前人的做法做一遍，有章可循，容易獲得第一次成功。有了第一次成功，等到了第二次按照自己的想法做的時候，成功的可能性就會大大增加。當然可能有人會問，是否有跟著別人做也做不成的時候？這種情況時有發生，大部分都是因為自己沒有搞懂人家的方法，忽略了很多細節，但也有極個別情況是前人發表的論文有水分，比如誇大甚至編造了結果，這種事情每年都會發生。這其實是學術造假，屬於題外話了。

其次，如果第一次失敗了，要花功夫盡可能找出全部失敗的原因。失敗之後找原因是很多人都懂的道理，但是絕大部分人在找到一個原因後，就以為發現了全部的失敗原因，然後匆匆忙忙又開始了第二次嘗試，隨後面臨的肯定是第二次失敗。

航空業有一個海因里希法則（Heinrich's Law），它是由美國工業安全的先鋒赫伯特・海因里希提出的。海因里希統計發現，每一起重大事故的背後，平均有二十九次小事故；每一次小事故背後，大約有十次未遂事故；每一次未遂事故背後，有三至四個事故隱患。在聽說這個法則之前，我其實也體會到了這個規律，只是沒有刻意做統計。比如我們做一個產品，上市後沒有達到預期，這裡面可能有很多問題，絕不能簡單地歸結為市場推廣沒做好、產品品質不過關或設計有漏洞中的任何一個，通常我們的失敗是這些問題疊加的結果。如果真是一個完美的產品，只是市場推廣不夠，通常不會遭受非常大的失敗，因為在資訊傳播很快的今天，好東西即便沒有人推廣也會口耳相傳。一個失敗的產品，背後的問題通常比我們想像的要多得多。因此當我們做事失敗的時候，要想到可能存在很多問題，注意篩查，絕不是解決一個問題就能保證下次嘗試一定會成功的。

再次，在找到失敗原因之後，一定要重新做一遍，直到成功為止，即便那件事已經變得不重要了，這個步驟也不能省。所有的「學霸」在考試後都會做一件事，就是把考試的錯題重新做一遍，確認自己真的會做了，有的人甚至會把相關的內容重新複習一遍。這個小小的操作就是在完成從失敗到成功的轉化。幾乎所有的「學渣」也都有一個特點，要麼考卷扔一邊了，因為以後不會考了；要麼看一看，「覺得」自己會了就放過自己了。這個世界上最不可靠的事情就是「覺得」二字。覺得自己能行，通常就是不行。

有一段時間，我對打高爾夫球感興趣，為了提高水準，我就去觀察那些能夠進入大學高爾夫球隊的青少年是怎麼練球的。這些人和那些業餘愛好者有一個很大的差別，就是在什麼地方打了一個壞球，一定要練習到在同樣的地方打好為止，這就完成了從失敗到成功的轉化。我從四十五歲的「高齡」開始摸球桿，十年下來已經比絕大部分有二十年球齡的人打得好很多了。並非我進步快，而是絕大部分業餘球員學習的方法不對，他們和那些準備走職業道路的青少年正相反，打一個壞球，自己隨便找點原因就放過自己了，以後在那個地方還會重複失敗，即使造成失敗的原因可能不同。

這些年我和一些職業運動員有過來往，發現他們都有一個共同特點，就是有一股不放過自己的狠勁，不允許自己帶著問題進入下一個階段，很多職業運動員甚至會為了糾正一個動作犧牲半年的比賽成績。但是業餘選手卻不會這麼做，他們一旦發現糾正錯誤要付出代價，就會放棄。把自己的錯誤一一糾正是需要時間和精力的，因此職業運動員都很專注，不會同時做好幾件事情。相比之下，很多人是一件事情還沒有做好，就急著去做另一件無關的事情，這樣在做很多事情的時候就難免陷入「習慣性流產」的困境。人一輩子能做成幾件事就好，不必太多，做了很多事都沒有做成，反而是最失敗的人生。

最後，我們需要知道，任何事情的成功與失敗，人力的因素只是一方面，運氣是不能忽略的。凡是做成功的事情，一定是自己的水準和努力滿足了成功的要求，同時得到了上天的眷顧。因此，成事固然可喜，也不必自得；失敗了固然可悲，也

不必過於沮喪。通常，對老天爺越有敬畏之心的人，越容易成事，因為他們會做足準備並保持彈性，只要不大的難關都能安全渡過。

如何做好有效復盤

前面我們講了失敗後要找出所有原因，這樣才能避免習慣性失敗。這在電腦科學領域被稱為「除錯」（debug），在案例分析中被稱為「復盤」。那麼如何除錯或者復盤呢？想要盡可能一次性地把各種問題都找到，就要在做事的時候，每做一步都記錄下結果，不能等到最後出了問題一次性算總帳。我記得我父母的公司會定期發給他們筆記本，就是鼓勵他們記錄每一個步驟的細節結果。這種做事方法其實在美國的大學和大公司裡非常普遍，我也一直這麼做，因此沒有覺得這是什麼問題。後來我在Google指導中國年輕的工程師時發現，很多人做事失敗後半天都找不到原因，就指望著有經驗的工程師幫助他們發現問題。由於他們在中國，我在美國，電話裡也講不清，於是我就讓他們到美國出差，坐在我旁邊的辦公室工作，這樣我就可以仔細觀察他們是如何做事的。我發現他們做事的方法完全不對，做一件事，不論多複雜，只有一個結果，要麼成功，要麼失敗。一旦失敗，就不知道是哪一步或者哪幾步做錯了，下一次再做還是失敗。後來我就和他們講，假如我從重複前人的工作出發，將那項工作作為基點，然後在此基礎上做我們的事情。前人完成的工作和我們的任務之間可能有十個步驟或者十個要考慮的因素，不要十步一起做或者十個因素一起考慮，必須一步一步來，每做一步都要記錄結果，最後出了錯就很容易回溯，找到問題所在。

目前，中國最好的半導體公司無論是在設計上還是在製造上都達不到世界一流水準，很多地方投入了很多錢，但似乎沒有產生什麼明顯的效果。正好我弟弟是半導體行業的老兵，我也認識中美兩國很多這個領域的專家，讓我有機會了解全世界半導體行業內部的一些細節操作。根據我的研究發現，中國公司設計的半導體晶片中，用於測試的部分非常少。這些部分不產生任何功能，多了之後不僅會讓設計工作量大增，而且會增加製造成本，因此工程師不重視這個部分，而公司為了節省成本，也不強求工程師把這部分做好。美國的公司卻非常重視測試部分，這些公司的晶片中一半的電路都是為測試準備的。那麼，測試部分為什麼重要呢？要知道今天複雜的晶片裡有十億以上的電晶體，壞掉幾個或者某些部分的設計有錯，是很難排查的。

今天的半導體設計，做一個樣片的成本和生產一百萬片沒多少差別，如果第一個樣片失敗了，不能把所有問題找出來，就要靠不斷做樣片來試錯，不僅成本高，而且最終的設計是好是壞也很難說。測試部分的作用就在於，晶片裡面無論哪部分功能模組有了問題，它都可以幫助設計者測試出來，這樣可能只要做兩次樣片就能定型了。前一種做法是習慣性失敗，後一種做法是一次失敗導致後面的成功。那麼是否一旦設計成功，就可以把測試部分拿掉，以節省成本呢？不是。因為製造半導體晶片時有成品率的問題，可能一半的晶片都有問題。即便是全世界最擅長生產晶片的台積電，成品率也只有七〇％左右，二流的企業成品率還不到一半。晶片在出廠前，必須要把有問題的晶片挑出來，總不能等到晶片焊接到手機中發現問題再更換吧。測試部分的功能，就是幫助測試每一個晶片的。

國內曾經有一家頗為知名的半導體企業，做的晶片品質很不穩定，原因是為了追求成本，它設計的晶片中幾乎沒有測試部分的電路。當客戶反映它的晶片有很多廢品後，它表示可以免費更換，可是那些晶片已經做進了電子設備中，根本無法更換。這家企業後來因為經營不善被迫退市出售了。

任何肯動腦思考的人，都應該明白失敗是很有可能發生的事件，很多小問題都可能導致失敗。**失敗不可能完全避免，但關鍵是失敗之後要有辦法盡快找出所有原因**。為了做到這一點，我們需要假定每一步都有失敗的可能性，記錄下每一步的結果。

不要輕視常識

在所有經驗中，最常用、最被大眾接受的是常識。比如我們常說，股市有風險，投資需謹慎，這就是很多人總結經驗得到的常識。有常識的人，不論他的學歷是高還是低，生活都不會太差；沒有常識的人，哪怕才高八斗、學富五車，都有可能身處險境而不自知。隨便翻開一本歷史書，就會發現很多經驗老到、位高權重，或者富可敵國的人瞬間身敗名裂的事情。

遺憾的是，人們雖然有求知的天性，卻經常輕視常識，這裡面的原因可能有三個。其一，常識聽上去很簡單，似乎很容易懂，所以很多人不把它們當回事，而高深的知識聽起來很複雜，大家都很敬畏。其二，常識獲得起來很容易，只要活得足夠長，似乎都能有些常識，容易得來的東西經常都不會被珍惜。其三，大家都有常識，而只要大家都有的東西，就顯得不值錢了。正是因為人們對常識的這些誤解，使得很多人不具有真正的常識，也用不好常識。

常識是什麼呢？常識是這個世界的輪廓，是對世界最簡單、最易懂的描述。既然是輪廓就比較粗糙，不可能涉及具體的細節，如果有人一定要在該使用常識的地方糾結細節，就是矯情了。比如大家畫雞蛋會先從輪廓畫起，它只是一個封閉的、類似於橢圓的曲線。我們只能從中看到雞蛋的形狀，不可能看出質感。如果想畫出雞蛋的質感，需要在輪廓的基礎上加入細節，但這是另一件事了。

由於常識是世界的輪廓，真實的世界是符合常識的，所以任何違反常識的經驗都可能是錯的。這就如同畫雞蛋，如果只有輪廓，那就沒有細節、沒有質感，但它至少還是一個雞蛋；如果加入了很多質感的細節，卻畫成了一個正方體，那麼質感再像也不是雞蛋。

今天，你會看到很多人的想法、做法違反常識，當你用常識質疑他們的觀點和做法時，他們會和你糾纏細節，然後嘲笑你的常識太簡單，不能解釋細節。其實常識的作用根本不是解釋細節，而是從宏觀上做判定。符合常識的想法和做法不一定對，這就如同符合雞蛋輪廓的東西未必都是雞蛋，它還可以是鴨蛋、鵝蛋。但是，不符合常識的通常都是錯的，這就如同質感非常像雞蛋的正方體也不可能是雞蛋。

那麼常識會不會錯呢？常識也會錯，因為常識是來自過去的經驗，過去的經驗可能是錯的，今天我們會有新的認識。比如人類早期可能會把雞蛋、蘋果、檸檬等食物的輪廓都畫成圓形，他們甚至會把這些東西的輪廓和一張大餅的輪廓混為一談，因為在那個時代，人們的認知只能區分圓的、方的或者不規則形狀的。但是慢慢地，人們會認識到雞蛋或者蘋果是三維球狀物，而大餅是一個平面物，於是在常識上就會把這些東西分開。再往後，人們會把雞蛋的輪廓看成是橢圓的，蘋果的輪廓看成是有凹陷的球，檸檬則是兩頭尖的梭形球。那時如果有人再說雞蛋的形狀和蘋果是一樣的，大家就會覺得他有常識錯誤。

當然，對於能夠直接透過肉眼感知的特徵，我們的直覺會給我們相對準確的常識。但是很多時候，事物的本質和表象不同，肉眼看到的「輪廓」可能並非世界真正的輪廓。比如古代人每天都看到太陽從東邊升起、西邊落下，自然會得出一個結論：太陽是圍繞地球旋轉的。這個常識對不對呢？我們今天知道這不是對天文現象的一個好的描述（當然也不能完全說它是錯的，因為在數學上日心說和地心說是等價的）。到了哥白尼的年代，人們意識到以太陽為中心解釋地球和它的關係更確切一些。可見，對於同一件事情的常識是可以改變的。

失效的經驗：常識需要更新

常識不一定都正確，對於同一件事的常識是可以變的，但很多人在想到常識、應用常識時，依然把常識看成是靜態的、不變的，這樣，人就會走兩個極端：一個極端是一些人一旦接受了某些常識就會用一輩子，當然就會出問題；另一個極端是一些人看到常識和我們遇到的事實相違背，就徹底否認常識，以後做事情總是把握不住輪廓，完全是隨意的。我們需要清楚，常識也是需要不斷更新的，並且只要我們不斷更新常識，就不會出現上述兩種極端的情況，常識就會幫助我們解決主要的問題。

比如過去很多人會認為感冒是因為著涼了，多穿點衣服就不會感冒，這是一種常識，而且在很多時候都被證明是靈驗的。但是，我們今天知道，感冒是由病原體引起的，溫度低本身並不會導致感冒，這樣我們就知道如何更好地預防感冒了，比如增強抵抗力、遠離病原體，而多穿點衣服其實只是增強抵抗力的一種方式。再比如古代人喜歡進補，並且總結了很多和進補有關的知識。它們有沒有道理呢？在大家普遍營養不良，特別是蛋白質、維生素和微量元素攝取不足的時代，有些所謂的補品因為富含蛋白質、維生素和微量元素，對身體是有好處的。後來我們知道了，人想要健康，需要攝入足夠的各種營養，這是新的常識。攝入足夠的各種營養是關鍵，是不是補品不是關鍵，這就是用新的常識替代了舊的常識。

那麼什麼樣的常識會變得過時，需要及時更新呢？通常在兩種情況下，我們必須更新常識。

第一種情況，那些所謂的常識只不過是從有些經驗中歸納出來的結果，這在科學上被稱為不完全歸納。比如過去有人總結出，當大街上的女性喜歡穿短裙時，股市就會漲，這其實就是幾次巧合的結果，而且總結這個經驗的人還刻意忽略了一些相反的例子。後來數據多了，就會發現這種經驗是靠不住的，它屬於偽常識。墨基爾在《漫步華爾街》一書中列舉了很多這種偽常識，並且逐一進行了解釋，在這裡我們就不贅述了。

比上述例子稍微複雜一點的「偽常識」就是很多人對癌症和阿茲海默症的理解。在很多人看來，由於環境汙染、壓力大等因素，得癌症和阿茲海默症的人比古代多多了，因為古代很少有這些疾病的記載。而對比古代和今天的差別，人們首先想到的是今天的工業化對環境造成的影響。實際上，古代人之所以很少得癌症和阿茲海默症這種老齡化疾病，是因為他們的平均壽命太短，而且營養不良，大多數人還沒有到得這些疾病的年齡就死了。因此，如果只統計平均壽命為四十歲的社會裡人們的死因，當然無法了解平均壽命超過七十歲社會的情況。

絕大部分時候，人們接觸的世界其實只是一個範圍和規模都有限的局部世界，總結不出關於整個世界的經驗。比如月收入一萬元的人，是想像不出億萬富翁的花錢方式的，後者不是簡單地把自己的各種支出放大一萬倍。因此，人們透過有限經驗總結出的常識會有不準確的情況，也是很正常的事情。講回上一節為什麼古人想像不出日心說的模型，因為在他們能夠看到的宇宙中，所有天體都是圍繞地球旋轉的。那麼人們什麼時候開始接受日心說理論了呢？並不是在哥白尼的年代，而是在伽利略發現了木星的四顆衛星之後，因為從那時起，人們才知道並非所有天體都是圍繞地球運轉，至少有的天體是圍繞木星運轉的。從那之後，日心說才完全被天文學家接受，人類的常識也才得以更新。

第二種情況，過去常識成立的條件消失了。科學史經歷過多次常識失效的重大轉捩點，比如一九〇五年愛因斯坦的相對論對很多物理學常識的顛覆。根據人們千百年來的常識，品質、時間等物理量都是固定不變的，但這其實只是在運動速度很慢的條件下才成立的常識。當運動速度提高了，條件變了，時間、品質就不再是恆定的量了。今天人們有了新的常識，光速是恆定的，而品質、時間等物理量都是可以改變的。

在生活中，很多過去我們認為是理所應當的、從不懷疑的常識，到了新時代條件下也就不再成立了。如果我們堅守那些已經沒有存在基礎的常識，就難以融入新的時代，在其他人看來，就如同還生活在昨天。比如養兒防老在過去是常識，膝下無兒無女就會老無所依。這個常識成立的環境是以家族為基本單位的躬耕社會，社會保障制度非常弱，陌生人之間無法透過商業契約聯合起來做事情，因此家庭成員之間互助是常識。特別是那時老人沒有退休金，因此老了之後只能靠子女供養。在現代社會，人與人之間的互助方式發生了重大變化，雖然父慈子孝的觀念沒有變，但是靠子女等下一代養老在新的社會條件下就不適用了，依靠社會的力量養老就逐漸成為新的常識。

我在很多場合都推薦了一些科普達人的節目，比如李永樂老師的影片和卓克老師的課程，因為他們都在不斷更新大家的常識，而更新常識對大眾來說很重要。

當然，總會有人打著更新常識的旗號去顛覆常識，其實他們是在做違反常識的事情。那麼更新的常識和反常識有什麼區別呢？更新的常識能夠解釋以前常識可以解釋的現象，也能解釋一些過去常識解釋不了的新的現象。比如日心說能解釋過去地心說可以解釋的天體東升西降的現象，也能解釋為什麼會有星體圍繞木星轉。另外，日心說和地心說也不矛盾，只是換了一個參照系而已。再比如，相對論也能解釋古典物理學所能解釋的所有現象，並且把古典物理學納入自己的體系中。但是反常識卻不然，過去常識能解釋的很多問題，它反而解釋不了。比如很多人創造出一些新的金融理論，試圖解釋一些被包裝的龐氏騙局的合理性，但是它們都解釋不了一個基本問題，那就是錢是如何無中生有變出來。

常識應該是我們思考問題的基礎和起點，當常識不足以解決複雜問題時，我們才會尋找更複雜的理論、更複雜的方法去解決問題。任何沒有被驗證過、違反常識的新「理論」，都值得我們懷疑。由於常識的這種重要性，我們需要不斷更新常識。

點石成金：化經歷為經驗

獲得經驗可以是被動的，也可以是主動的。從過往的經歷中不知不覺地獲得經驗，是一種被動行為；從經歷中總結經驗，則是一種半主動的行為。為什麼主動從經歷中總結經驗還只是半主動的行為呢？因為很多人的經歷本身就是被動的結果。

二〇二二年美國人口調查局與哈佛大學的一項研究發現[5]，千禧世代的年輕人中有多達八〇%的人在年滿二十六歲時仍然住在成長地一百英里[6]的範圍內，只有一〇%的人搬到了五百英里以外的地方。當人們的生活範圍就這麼大，經歷自然豐富不起來。研究還發現，越是家境不好的人越眷戀故土。相比之下，生長在富裕家

5 資料來源：https://www.wsj.com/articles/young-adults-tend-to-stay-close-to-the-nest-11658721660?mod=e2li

6 一英里約略等於一點六公里。

庭的人，往外闖蕩的意願要高於家境不好的孩子。

在全世界範圍來看，美國人還算是具有開拓精神的，願意到各地尋找新機會，儘管如此，大部分人生活的範圍依然很小，世界上其他地區的人的活動範圍就更有限了。即便是那些想去哪裡就去哪裡的人，經歷依然集中在自己熟悉的生活軌跡上。幾年前有一個電視節目，請比爾．蓋茲猜一猜一些日用商品的價格，蓋茲猜的結果錯得離譜。這也很好解釋，他恐怕已經幾十年沒有進超市買日用品了。因此，雖然他「心繫天下」，特別關注人類的未來，特別是醫療和環保問題，但是他真的不知道老百姓是如何生活的。可見，不論是什麼人，如果光依靠從經歷中總結經驗，得到的經驗都不可能太多。這種做法最多能算是半主動獲得經驗。

主動獲取經驗

想要真正有效獲取經驗，就需要主動去做一些事情。很多人之所以成就比較大，和他們主動獲取經驗有關。

在達爾文的時代，要研究全世界物種的變化或者地理環境是一件幾乎不可能的事情，因為絕大部分科學家活動的範圍不會超出自己的國家，活躍一點的歐洲學者能夠到周圍幾個國家講學和遊學，就算很了不起了。對牛頓、馬克士威這種研究理論物理學的科學家來說，活動範圍小一點也沒有什麼關係，因為他們的研究不太依靠經驗。但是對博物學家或者地理地質學家來說，足不出戶是無法取得突破性成果的。因此，達爾文在從劍橋大學畢業後，乘海軍勘探船「小獵犬」號進行了長達五年的環球旅行，一路上和各種動物、植物、地質盡可能多地打交道。達爾文一生的成就，大多基於他這五年對世界的了解。

和達爾文幾乎同時期的德國科學家李希霍芬，在大學期間和大學畢業之後，花了十幾年的時間走遍了歐洲、亞洲和美洲。他在加利福尼亞發現了金礦的礦床，這間接引發了後來的淘金熱。在中國，他進行了七次探險旅行，提出了「絲綢之路」的概念，為景德鎮的瓷土取了「高嶺土」的名字，發現了山西的煤儲量，為青島這個城市進行了選址。回到德國後，他繼續在地理研究領域做出了很多貢獻，成為近代地理學的先驅。特別是他關於中國的著作，讓西方人客觀全面地了解了中國。李希霍芬隨便一個成就都可以算是影響世界的，而他所有的成就都是基於他主動去獲取經驗。

當然，主動獲取經驗不意味著要像達爾文和李希霍芬那樣環遊世界，但是在任何時候，我們都可以主動做一些事情，以獲得日常經歷無法獲得的經驗。

我最近看到一個數據，二〇二二年，約翰．霍普金斯大學錄取的兩千多名大學生，有超過八成在高中期間打過工，在公司裡實習過，或者在大學裡做過研究。約翰．霍普金斯大學的這個數據在美國頂級大學中非常具有代表性。一個高中生，哪怕學習成績再好，沒有學業之外的工作和研究經驗，其實很難被名校錄取。

為什麼美國的頂尖大學在挑選學生時這麼看重上述經歷呢？因為能夠獲得上述經歷的人都是在主動增加自己未來用得上的經驗。這些人比只會在學校裡讀書的「書蟲」有兩大優勢。一個優勢是主動性。無論是在高中打工還是去實驗室做研究，都需要自己找機會，學校本身是不會管的。因此，他們不是被動地根據自己的經歷獲得經驗，而是主動出擊。另一個優勢是他們已經跑得比同齡人快了。當他們的同齡人還在為自己的作業和考試發愁時，這些人已經在為自己的將來做準備了。

學會科學試錯

獲得經驗除了要有主動性，還要講究科學性。透過有目的地探索，獲得新的知識、新的經驗是好事情，但是要講究效率，因為如果探索的方法不得當，收穫是非常有限的。

比如我們要獲得烤麵包的經驗，在過去，麵包師傅是透過繼承他們師傅的經驗，再加上十幾年不斷做麵包的過程，慢慢地改進麵包的配方，這個速度實在太慢了。今天我們希望透過主動嘗試各種麵包成分的不同比例，以較低的成本、較短的時間尋找最佳配方。但是，即便是最普通的白麵包，涉及的基本原料也有麵粉、水、油、蛋、酵母、糖、鹽、小蘇打等，就算每一種成分的用量只有五六樣，至少也有七八萬種組合。

人們無論做任何嘗試都可能犯錯，而且一開始這個機率還很高。因此，對於主動獲得經驗的努力，我們有時又稱為試錯。試錯有盲目試錯和科學試錯的分別。如果不動腦筋，不講究方法隨意嘗試，不僅很多經歷最終要被浪費，轉化不成經驗，而且有時還有副作用。比如央行調整利息，調整得不好，就會傷害到經濟。專家相比於常人，不在於他們不犯錯，而在於他們是在科學試錯，能夠控制失敗的次數和負面影響，而大部分人則是在盲目試錯。

科學試錯的具體方法經常和相應的領域有關，不同領域採用的方法會不同。比如尋找最佳配方這種事情，最常用的科學試錯方法是所謂的最大梯度法，俗稱「爬山法」。

比如，我們要嘗試做出最好吃的麵包，除了要調整好各種成分的比例，還要考慮麵包烤製的溫度、時間等因素，這麼多因素放在一起，就把烤麵包的問題變成在很多維度的空間中尋求最佳值的問題了。那麼爬山法是怎麼做的呢？我們都知道，想要爬山爬得快，最好的方法就是沿著最陡峭的方向向上爬，比如在下一頁的圖中，沿著灰色箭頭的方向爬要比沿著黑色箭頭爬快得多。灰色箭頭的方向也被稱為梯度變化最大的方向。在有多重因素控制的優化問題中，其實也存在讓好結果最大化的

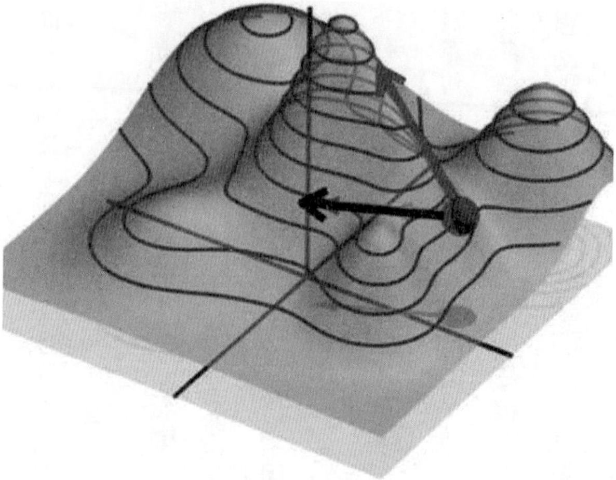

方向，我們一開始要找到這個方向，並且沿著這個方向去做改進，在此之後，才是在一些細節的地方做微調。好的麵包師傅都懂得這個道理。

但是在解決有些問題時就不能採用這種方法了，而是要使用比較保守的辦法。比如升息問題，即便央行行長知道最終要升息三個百分點，他也不能朝著這個方向一次升息到位，而是要慢慢升息，看看市場的反應再進行第二次、第三次升息。類似地，一個用戶基數很大的公司要改進產品品質，即便知道怎麼改，也不能一次改到位，因為那樣的風險太大，他們通常會先讓一％或五％的使用者試用新的產品，看到結果符合預期之後才逐漸推廣到全體用戶。

在一些特殊領域，即便是再謹慎，試錯的負面效果也是難以承擔的，但是人們又不能不試錯，於是只能採用替代的方法。比如在醫學研究中，不能一上來就拿病人做實驗，要先從動物做起。再比如在航太探索中，無論是載人飛船還是發射衛星，都要在地面上模擬太空的環境做足實驗，否則後果不堪設想。很多人做事的時候急於嘗試，準備不充分就開始做，結果就是一次又一次失敗，最後形成失敗恐懼症。

雖然在解決不同問題時，科學試錯的具體做法有所不同，但有兩點是相同的。

首先，重視回饋的作用。人類很早就知道利用回饋系統來糾正錯誤，比如古人說「聞過則喜」，其實講的就是負反饋意見可以幫助我們從偏離的軌跡回到正軌上。到二十世紀，系統論的出現讓人們徹底懂得，任何穩定的系統都需要反饋，沒有回饋的系統就可能不斷累積錯誤，最後偏離目標越來越遠。

其次，任何科學試錯都是一個漸進的過程，不是一步直接達到目標的。很多人在向別人請教時會提出這樣的要求：「你就說這件事該怎麼做吧，一步步地試太麻煩。」對於重複別人經驗的事情，可能存在一步就能達到目標的做法，但是想要獲得新的經驗，特別是前人沒有的經驗，就要一步一步地來。今天很多人熱衷於彎道超車，其實世界上的直達車幾乎不存在。

雖然說科學試錯是一個漸進的過程，但是我們需要確保每一次試錯都離目標更近一步，也就是說，漸進的過程是收斂的，而不是發散的。比如我們要前往一個一千公里以外的目的地，我們只知道大致的方向，不清楚具體的道路，我們該怎麼辦？唯一可行的辦法是漸進接近目標。比如，第一步到達離目標一千公里的範圍內，再找到下一步大致的方向，然後每次將範圍除以十，幾次就能到達目的地。但如果一會兒往東、一會兒往西，上一次已經接近了目的地，下一次反而走得更遠了，那麼就很難到達目的地。很多人做事情時就是這樣，左右搖擺，今天往左，明天往右，永遠在目標之外徘徊。

累積經驗要與時俱進

能做到科學試錯，累積經驗的速度就會比常人快。但是經驗累積多了其實也會有副作用，因為很多人會以為自己經驗豐富，就會拒絕接受新的知識和經驗。我們今天會看到很多人倚老賣老，其實就是過度依賴自己以往的經驗而拒絕接受新東西。如果那些經驗有用還好，但是很多經驗是過時的，而過時的經驗有害無益。因此，累積經驗也要與時俱進。

幾乎所有人都認可經驗要與時俱進的想法，但是真正做到的人並不多，因為人的腦容量是有限的，裝到一定程度之後就必須刪除一些東西，才能讓新東西進來，而幾乎所有人都喜歡獲得、厭惡失去。如果你告訴他們過去的經驗不再適用了，應該放棄，他們是相當不願意的。很少有人願意承認自己過去的經驗錯了或者過時了。每一個人年輕的時候都對倚老賣老的老人感到反感，而等他們老了之後，也難免成為下一代眼中那樣的老人。我這樣說並不是對老人不敬，而是提醒大家不要被自己的經驗束縛。

把經歷有效地變成經驗沒有標準答案，各人有各人的方法，但是主動地、有目的地去獲取經驗，科學試錯，刪除過時的經驗，對每一個人來說都適用。

本章小結

經歷不等於經驗，每一個人只要生活在世界上，經歷就會自動地增加。但是將經歷轉化為經驗，甚至為了獲得經驗特別去做一些事情，不同人的差異就很大了，用不了幾年，有類似經歷的人在經驗上就會有天壤之別。科學而有效地獲取經驗，是人一輩子要學的課程、要做的事情。

04

做事方法

先動腦還是先動手

直到今天，人們還經常在爭論動腦和動手哪個更重要。當然有人會說兩個都重要，這種說法看似滴水不漏，其實是一句正確的廢話。說這種話的人經常是既不善於動腦，又不善於動手。即便是把「腦和手」當成校訓的麻省理工學院，培養出來的既能動腦又能動手的全才也不多。

對大多數人來說，在動腦和動手上總是一方面稍微強一點，另一方面稍微弱一點。因此，對他們來說，重要的是根據自己的特長決定做什麼工作，成為什麼樣的人。會動腦的人可能會成為理論家、哲學家、智囊，世界少不了他們的貢獻；會動手的人可能會成為工程師、醫生、企業家，他們對世界的貢獻同樣很大。

手先於腦，有效學習

在生活中有這樣一個女孩，她從小喜歡拆東西，拆完了以後通常都裝不回去。對此她的媽媽很煩惱，因為這不僅把好好的東西搞壞了，而且拆下來的零件到處都是，媽媽跟在後面收拾個沒完。不過，她的爸爸倒不反對她「搞破壞」，於是她得以繼續發展拆東西的愛好。後來，她專注於拆鋼珠筆和鋼筆，試圖搞清楚它們的工作原理。鋼珠筆的原理很簡單，她很快就搞懂了，不拆了，但是鋼筆頗為複雜，小小的鋼筆裡包含著不少物理學的道理。女孩一直好奇為什麼鋼筆能吸水，為什麼它既能寫出字而墨水又不至於一下子因為重力而漏光，這顯然不是小孩子一下子能搞懂的。於是她就把家裡僅有的幾枝鋼筆大卸八塊，希望能夠弄清楚鋼筆的原理，但是道理沒有搞懂，一半的筆卻缺胳膊少腿了。所幸，家裡的筆也不值錢，而且沒有人再使用那些鋼筆了，父母想，拆鋼筆總比玩遊戲強，也不追究。

家裡的筆拆完了之後，她又到跳蚤市場和 eBay 上買筆來拆。後來，她的筆拆得多了，又看了些科普讀物，知道了大氣有壓力，也終於明白了為什麼鋼筆能夠吸墨水了。再後來，在小學的科學常識課上，老師講了大氣壓和真空的知識，她很高興自己比班上的小朋友先懂得了那些道理。回家後她把這個好消息告訴父母，媽媽在誇獎她之後問：「你在學校一堂課就能學到的知識，為什麼還要拆那麼多筆去獲得呢？」爸爸卻說，自己體會的和看書看到的不一樣。

搞清楚鋼筆能吸水的道理，她又開始思考它能寫字而不是滴水的道理。於是她透過研究搞懂了毛細現象，總算是明白鋼筆能寫字的原理了。在不斷拆筆的過程中，她開始用各種二手筆組裝出新的筆，或者修理那些不能寫字的古董鋼筆。再往後，她拼湊出能寫各種字體的鋼筆，包括能夠寫出那些羊皮書上藝術感極強字體的鋼筆。後來她把一些自己改裝的筆拿到 eBay 上賣，居然還有人買。她的同齡女孩抽屜裡都是各種化妝品和小飾品，而她的化妝盒和首飾盒則被自己改裝成了筆盒，裡面有幾十枝各式各樣的筆以及大量的零件。她對父母說，等她將來有了錢，會買一套工具製作自己品牌的鋼筆。

當然，她拆的東西遠不只鋼筆，家裡各種小電器也「遭了殃」。不過，她的媽媽不再抱怨，因為她發現這是女兒獲得知識的獨特方式。

這個拆筆的女孩就是我的小女兒。

每一個人獲得知識的途徑未必是相同的。大部分人會按照學校和家長設計好的方式按部就班地學習，這通常是效率最高的方式。但是，學校裡教授的知識通常只是完整知識的輪廓和其中最重要的部分，裡面很多細節是沒有時間講到的。任何人如果想成為一個領域的專家，必須想辦法把全部細節補上。

對一些人來說，動手拆東西、做東西，然後在這個過程中不斷思考，再有針對性地去學習、去找答案，就是一個有效的學習方式。根據我的觀察，我的小女兒就是這樣的人。我想，她抽象思維的能力應該比不上我，但是對各種物件工作原理的好奇心比我強，這也是我從來不阻止她拆東西的原因。在家裡，每新買來一樣東西，最先學會使用的一定是她。到後來，如果家裡的電腦設定被搞亂了，或者哪些功能不能正常使用了，解決問題的也是她。

我的太太有時會有一些擔心，覺得女兒這樣學東西太慢。在她看來，拆東西難道會產生新的發明嗎？我倒覺得，女兒的這種做法或許不是最快的，但至少對她來說是有效的。我記得她在學習數位電路課程時要用麵包板（方便靈活插線的電路板）搭各種電路，她不僅搭得非常快，還經常幫助同學們找錯。這讓我很驚訝，因為我在大學學這門課時，面對一個麵包板上密密麻麻的幾十根線，頭都會大起來，她高中時居然能夠很輕鬆地學這門課，這一定和她從小拆筆有關。

今天的人遇到的最大問題不是學的知識太少，而是學知識的時候貪多嚼不爛，看似學了一大堆的課程，到了工作中都派不上用場。很多人學了十幾年的國語，連一封郵件都寫不好，連一件事情都講不清楚；很多人學了將近十年的英語，出國問個路、點個菜都張不開嘴；很多人學了大量的數理化課程，讓他設計一個簡單的實驗都設計不出來。但如果你拿一張卷子考他們，他們在畢業十年後還能考得很好。這就是問題所在，他們學過的知識很多，但是真正能夠深刻理解的，能夠讓自己受益的，除了一些生活常識，就是在工作中天天使用的，已經用得滾瓜爛熟的那一點點東西，大量只經過了腦子、沒經過手的知識和技能對他們來說不過是擺設而已。

很多人會擔心，凡事都要動手試一試，會不會學得太慢，但是慢總比停要好得多。還有人擔心，如果必須自己動手才能學到知識，是否就無法借鑑前人的經驗了，其實自己動手和借鑑別人經驗並不矛盾。

小女兒後來跟著一位教授做研究。當時正值新冠肺炎疫情期間，教授給她和組裡學生的一個任務就是把市面上所有的口罩找來拆了，然後搞清楚哪種好，為什麼好。拆東西是她的專長，她很高興和同學一起接受了這個任務。於是他們拆掉大量的口罩，然後進行了大量實驗。他們發現布面纖維越細的口罩，過濾病毒的效果越好，這和很多人的直覺是相違背的，因為人們總覺得粗的纖維能夠擋住更多病毒。為了證實他們的發現，他們又進行了實驗，並且找到了原因——口罩之所以能夠過濾病毒，主要不是把病毒擋在了口罩外，而是口罩上的纖維有靜電，把病毒和粉塵吸附在纖維上，讓它們無法通過口罩的過濾層。越細的纖維靜電吸附能力越強，因為靜電場和距離的平方成反比，直徑越小的纖維，表面的靜電場就越強。有了這個發現，他們得出了兩個重要結論：第一，用一種很細的奈米材料做口罩，效果最好，這種口罩後來也上市了；第二，由於潮濕是導致靜電場消失的主要原因，所以任何口罩一旦潮濕就不能再使用了，否則是自欺欺人。這些發現後來發表在一份材料學的雜誌上，並被很多論文引用。這件事過後我和太太說，不要小看孩子拆東西的本領，很多新的發現可能就是從親手拆東西的過程中獲得的。是否有人會先想到越細的纖維電場越強，奈米纖維比普通纖維要細，因此要用奈米纖維做口罩？或許有這樣的人，但似乎我的女兒不屬於這種具有超級抽象思維的人。

過了一年，小女兒又參加了另一個研究專案，即研究電池的電解液。在過去幾十年裡，電池的能量密度翻了一倍，而電解液則在幾十年裡改進得很有限。這一次，他們的研究方法還是「拆」，只不過他們拆的不是現有的電池，而是前人已經在電解液研究方面取得的成果，也就是他們所發表的論文。小女兒和她的同組研究人員開始寫程式，讓電腦讀懂那些論文，用機器學習的辦法得出可能有效的電解液配方，最後交給一位研究人員做實驗確認。最終他們發現一種配方能有效提高充電池的能量密度，並且將研究成果投到了一份頂級學術刊物上。

我一方面為孩子的成就而高興，另一方面也慶幸當年鼓勵她拆筆。如果我要是像很多家長那樣逼著她去準備奧林匹克數理競賽，去參加電腦競賽，或許她也能取得一點成績，但未必能很高，而且學的那些東西有很高的機率對她將來沒有用。她小時候沒事就拆筆、拆家電，反倒讓她掌握了一種適合自己的學習方法。任何時候知道怎樣學習，都比學到的那點東西更有價值。

因此，至少對我的小女兒而言，手比腦更重要，或者更準確地說，手先於腦。

腦先於手，理性思考

對大多數人來說，應該是手先於腦。在歷史上，對大多數文明來說，也是按照這個次序獲得文明成果的。但是，凡事總有例外，對於一些人他們不會動手，但頭腦的思維卻異常發達，他們能夠用純粹的理性發現生活中的問題，甚至演繹出很多無法透過動手獲得的知識。

在歷史上，古希臘人和古印度人在這方面就做得特別好。古希臘人和古印度人具有其他早期文明的民族所沒有的一個特長，簡單來說，這個特長就是邏輯思維或者說思辨的能力。

世界上最早的兩個文明是美索不達米亞文明和古埃及文明，它們奠定了後來天文學和幾何學的基礎。但是，無論是古埃及人還是美索不達米亞人，都沒有系統性地建構出幾何學和天文學，他們找到了很多解決具體問題的方法，卻沒有總結出數學的定理或者天文學的定律。《萊因德紙草書》一書講到了算術、幾何和簡單數論的很多內容，甚至包括 π 的簡單計算方法，但是並沒有規律性的描述。也就是說，古代文明的人對於經驗難以做出客觀且真正反映世界規律的結論。

古希臘：用邏輯思考

但是，到古希臘的畢達哥拉斯之後，情況就得到了改變。西方學者認為，畢達哥拉斯確立了數學規範化的起點，從此才有了基於理性的科學，然後科學才一步步發展起來。

比如對於畢氏定理，畢達哥拉斯不是舉幾個例子來說明這個現象的存在，而是用定理的形式將它表達出來，再用邏輯的方法證明這個定理的正確性。正因為如此，這個定理才被稱為畢達哥拉斯定理。在畢達哥拉斯之後，古希臘的很多學者開始採用一種新的方法獲得知識，那就是從已經被證明的前提出發，透過邏輯得到結論。這並不是說古希臘人放棄了依靠觀測和測量獲得知識的做法，而是說他們多了一條新的途徑。不僅如此，他們還在驗證知識和應用知識上邁了兩大步。

第一，他們認定透過邏輯推導出的結論和我們在生活中得到的經驗需要一致，否則就是悖論。我們都聽說過芝諾悖論，即「飛毛腿」阿基里斯追不上烏龜。從邏輯上講，這個結論似乎符合邏輯，但是從經驗上講，它顯然是錯的。古希臘人解釋不了這個悖論，只好存疑。當然，不符合邏輯的結論一定是錯的，並不能等同於符合邏輯的結論一定正確。不過總的來說，那些既符合邏輯也符合我們經驗的結論，可信度非常高，正確的可能性也非常大。善於根據生活經驗判斷對錯，這是每一個人都有的做事習慣，但是凡事要拿邏輯再檢驗一遍，這是古希臘人獨有的思維特點，而這個特點對科學發展至關重要。

第二，在任何符合邏輯、得到驗證的知識基礎之上，我們可以建構出新的知識，這樣就能搭建起一座知識大廈。同時我們也可以在現實生活中應用那些知識，這樣一條規律性的知識就能得到成千上萬次應用，從而惠及全人類。在建構知識體系上，最著名的學者當屬歐幾里得，他透過五條簡單的公理和五個常識性的公設建構出整座幾何學大廈。在應用知識上，最著名的學者當屬阿基米德，他應用數學和物理學的知識解決了很多實際問題。

古希臘文明能夠後來居上，超越早上千年的美索不達米亞文明和古埃及文明，這和他們科技發達是有很大關係的，而科技發達的背後，是他們有一套更好的獲得知識的方法。一般認為，科學真正的源頭在古希臘，此前的文明只具有科學知識，不具備科學體系。那麼為什麼古希臘人有開創科學的能力，或者說有邏輯思維的習慣呢？這和他們的生活態度有很大的關係。

古希臘地處古代商業網絡的交通要道，商業比較發達，那裡屬於地中海氣候，冬暖夏涼，維持生活比較容易。而古希臘人對物質生活沒有太高的要求，每天的飲食就是麵包、橄欖油和葡萄酒（古希臘人認為喝水太多會傷害身體，因此喜歡飲葡萄酒）。很多富裕一點的家庭會有奴隸幫助做家務事，因此古希臘人有非常多的閒暇來討論抽象的問題，並且圍繞那些問題展開辯論。比如著名的哲學家蘇格拉底，他每天的生活就是吃完早飯，和他的老婆打個招呼，然後就去廣場上和人討論與辯論，直到太陽下山才回家。在古希臘人看來，發現一個真理是一件最令人喜悅的事情。據說當初畢達哥拉斯發現了畢氏定理之後，殺了一百頭牛慶祝。我們也都知道阿基米德的兩個故事。第一個是他發現了浮力定律，光著身子從浴缸裡跑出來，大喊著「尤里卡」（「我發現了」的意思），去向國王報喜。第二個故事是他埋怨羅馬士兵破壞了他在地上畫的幾何圖形，結果遭到了殺身之禍。那位羅馬士兵永遠不會知道幾個幾何圖形有什麼重要的，這其實也是古羅馬雖然強大富有，但是在科學上的成就並不大的原因。

在古代世界，所有數學知識的一大半是古希臘人貢獻的，這不是因為他們人口眾多，甚至不是因為他們技術發達或者經濟總量高，而是因為他們的學者關注的焦點和他們做事的方法與其他文明不同。首先，古希臘人喜歡使用邏輯而不是情感來思考。後來，在希臘化時期，亞里斯多德總結了古希臘人在邏輯上的成就，寫成了《方法論》一書。這本書開創了形式邏輯學，因此亞里斯多德也被稱為「邏輯學的鼻祖」。其次，古希臘人喜歡尋找和證明定理、定律這樣規律性的結論（也被稱為命題）。學過幾何的朋友都知道，在幾何學中有兩類問題，一類是證明一個定理，另一類是證明一個一般性的結論。解決它們的方法都相同，但是一個定理被證明之後，可以得到一大堆新的結論，而一個一般性結論被證明之後，增加的知識只是它本身。如果我們把一個知識體系比作一棵大樹，定理就是枝幹，具體問題就是葉子。世界上幾乎沒有哪個古代民族像古希臘人那樣喜歡解決枝幹上的問題，其他民族通常更喜歡關注具體的問題，關注看得見摸得著、對自己有好處的問題，但這同時也就失去了獲得大道的可能性。

古印度：由內而外尋找問題的答案

古代文明的另一個特例是古代印度的吠陀文明。在古代的數學成就中，印度人也有很大的貢獻，比如他們發明了包括〇在內的十個阿拉伯數字（更準確地講，它應該被稱為印度數字）。

〇這個概念在數學上特別重要，沒有〇計數和數學演算非常不方便，而且加減乘除的運算也不完整。比如五減五就得不出結論了。但是，在所有的古代文明中，只有印度文明發明了〇這個看似簡單，但又不可或缺的數學概念，這件事甚至古希臘人也沒有做到。這又是為什麼呢？

印度人能夠發明〇，和他們的文化，具體說就是雅利安人建立起來的吠陀文化有關。

吠陀在梵語中是「知識」的意思。吠陀文化的特點是以宗教的祭司和知識階層為統治核心，以祈禱、祭祀為生活中心，以《吠陀經》為行為指南。《吠陀經》反映了雅利安人的宇宙觀、宗教信仰和人生態度。古代印度人相信，宇宙中的一切都有一個根源的主體，即本體，這個本體在不同的經卷中被描繪為不同的神。按照《吠陀經》的說法，宇宙結構最核心的是空（sunya）和幻（maya）。也就是說，宇宙本是空的，而我們看到的只是幻象，萬物皆源於空。中國古代的六祖惠能大師著名的偈語「菩提本無樹，明鏡亦非台。本來無一物，何處惹塵埃」，就反映出印度文化所強調的無中生有的哲學思想。因此，印度的空幻宇宙與其他古代文明的實體宇宙是有本質區別的。古代中國人認為世界是由金、木、水、火、土五種物質構成的，古希臘哲學中也有類似的觀點。

從吠陀時代開始，印度人就以虔誠對待神的方式追求對宇宙的真理。但是他們探求知識的方式和其他文明完全不同。美索不達米亞、古埃及都是從觀察世界開始，總結出對於世界的認識，比如他們的幾何學和天文學就是這麼產生的。到了古希臘文明時期，亞里斯多德總結了前人科學研究的方法論，整理出一整套透過觀察世界得到知識的方法。古代中國的情況也類似，比如中國古代的數學經典《九章算術》就是從真實世界裡具體的問題出發來尋找答案的。但是古代印度人則強調向內心，而不是向外部世界尋找問題的答案。大家可能聽說過印度近代的傳奇數學家拉馬努金，他的研究方法和西方世界的數學家完全不同，他每次尋找數學問題答案時總是求諸內心。

在歷史上，印度的知識階層一直相信透過修行對虛無進行冥想，能夠獲得對於世界的認識。虛無在印度文化中是一個開放的概念，不同於我們通常理解的「沒有」，它更像是世界萬物的起點。後來的佛教和印度教都將虛無這個概念作為其教義的一部分，包括大家練習的瑜伽，也是為了激勵冥想，讓練習者清空思想和心靈。

當今的印度神話學家德杜特·帕塔納克有一次在TED演講中講述了亞歷山大大帝和一位印度修行者的對話。

這位世界征服者看著一位赤裸的修行者正坐在岩石上盯著天空發呆，於是，亞歷山大大帝就問他：「你在做什麼？」

「我在感知虛無。你在做什麼？」修行者回應。

「我在征服世界。」亞歷山大說。

他們都笑了，因為他們都覺得對方是荒廢生命的傻瓜。

對現實世界的征服者亞歷山大來說，他需要透過征戰才能擁有整個世界，而對那位印度修行者來說，透過探究虛無，他可以了解整個世界。在印度這種信奉「無」的概念的文化中，「〇」不僅必須存在，而且是產生其他數字的重要工具，也是數學的起點。到了近代在公理化的數學體系中，所有數字還真的是從一個空集定義出來的，而不是根據我們的生活經驗定義的。

很多人平時在遇到問題時喜歡就事論事地解決問題，這種做法在拉丁語裡有一個專門的詞，叫作「ad hoc」，意思是「為了這個具體的目的」。比如椅子的一條腿斷了，你拿條繩子把它綁上，讓它能夠繼續坐人；汽車的天窗老是漏雨，你拿個膠帶把它從外面黏死；程式出了漏洞，你又寫了一段代碼，把那個漏洞繞過去。「ad hoc」的做法沒什麼不好，但是它不能從根本上解決問題。

稍微好一點的人，會在椅子腿壞了的時候，替它換一條新腿，而不會湊合；在汽車天窗漏雨時，會分析原因，然後一勞永逸地解決漏雨問題；程式有了漏洞，他們會檢查每一個步驟，把有漏洞的程式修復好，以免出現更大的問題。在尋找各種問題背後的原因時，他們就可能有新的發現。

不過世界上還有一些人，他們就像古希臘人和古印度人那樣，喜歡理性思考，喜歡刨根溯源。他們善於學習成體系的知識，然後去尋找能夠用得上那些知識的問題，把它們解決了。我稱這些人是「腦先於手」。這些人不多，但是很多重大的發明或發現都是這些人做出來的。

手先於腦的人，好比發現了釘子之後去尋找槌子，而腦先於手的人則相反，他們先有槌子在手，然後去尋找釘子。我們無法說哪一種方法更好，因為它們適合不同的人。

是腦先於手，還是手先於腦，這件事其實和文化有很大的相關性。實事求是地說，中華文化更講究手先於腦，因為大家都喜歡做馬上能夠看到結果的事情，不喜歡去研究那些完全不知道有什麼用的學問。如果你從本質上說是有這樣的想法，就先放棄腦先於手的想法，從實實在在的事情做起。如果你對知識本身更感興趣，對於精神世界的關注遠遠超過對物質的追求，那麼不妨像古希臘人那樣變得純粹一點，使用理性思考為人類創造一些新知。

太初有為：行動才是答案

探求真知是我們每一個人都應該做的，但是在這個世界上，即便是在邏輯性最強的數學領域，以及比較容易證實和證偽的科學領域，很多問題也沒有明確答案，甚至很多問題你永遠無法知道它們有沒有答案。比如下面這個簡單的方程式：$3x3+4y4+7z2=0$，這個方程式有沒有整數解，其實永遠不會有人知道。

在數學上有一大堆這樣的問題，在現實的生活中這樣的問題更多。比如蘇格拉底一輩子討論了很多沒有統一答案的問題，比如什麼是善，什麼是勇敢，什麼是正義，什麼是虔誠等。他自己並沒有答案，只是提出問題讓大家討論思考，然後他說，他唯一知道的就是自己的無知。後世的哲學家其實也很難完全回答這些問題，但是卻在不斷思考。

不是所有問題都有答案

凡事刨根問底是個好事，只有這樣才能活得明白，才能發現那些真正有重大價值的真理，因此很多人一輩子也像蘇格拉底一樣會糾結一些這樣的問題。比如很多人都問過自己什麼是愛情，什麼是友誼，他們希望這些問題有標準答案。在尋找答案的人中，最有名的一位可能是德國的大文豪歌德，他為了找到這類哲學問題的答案尋求了一輩子，然後把他尋求的經歷寫成了史詩般的巨著《浮士德》。

《浮士德》中的同名主人公可以被看成歌德的化身。他因為了解的自然知識越多就越困惑，因為學得越多，就越搞不清楚知識的本質是什麼。在困惑面前，浮士德想自殺。這時魔鬼梅菲斯特找上了他，要和他做一個交易。梅菲斯特願意給浮士德隨意穿越時空的超能力，這樣，浮士德就能尋找他想要的一切。而作為交換條件，一旦浮士德對梅菲斯特提供的東西（或者服務）感到由衷的滿意，並且希望那一時刻永遠停下來的時候，浮士德就得到地獄為梅菲斯特服務。這其實就是用靈魂換取無所不能的能力。

浮士德答應了，他想探求世界上的至善至美。他利用超能力隨著魔鬼梅菲斯特遊歷了五光十色的大千世界，體驗了凡人世界的愛情，和少女格雷琴相戀，但結局是悲慘的，搞得對方家破人亡。浮士德又動用他的超能力回到古希臘，成為英雄，還娶到第一美女海倫，兩個人生了一個孩子。但浮士德還是不滿意，他又回到現實中皇帝的身邊，幫助皇帝在戰爭中取得勝利。浮士德得到了皇帝的獎賞：一片海灘，在那裡他想圍海造田，實現自己的理想。

在故事的另一頭，魔鬼梅菲斯特等了浮士德幾十年，實在等不及了，開始為浮士德挖墓。當時的浮士德已經百歲，雙目失明，他聽到挖墓時鐵鍬的鏗鏘聲，誤以為是工人在施工。這時，他終於認識到勞動是最美好的事情，於是說了一聲：「逗留一下吧，你是那樣美！」

這句話其實是他對未來社會的憧憬，歌德寫道：「我想看到這樣一番忙碌的景象，要在自由的土地上與自由的人民站在一起。」但是根據他和魔鬼的協定，他既然找到了自己心目中的理想世界，靈魂便要讓魔鬼帶走。於是話音剛落，浮士德便頹然倒地。

《浮士德》揭示了一個真相，那就是很多問題並沒有我們所期待的標準答案，因此即便耗盡一生尋求也得不到答案。回到歌德本人和他所生活的環境，當時的德意志一方面四分五裂，政治上腐敗，經濟上落後，還被拿破崙帶領的法國不斷入侵；另一方面，拿破崙又把自由和平等帶到了歐洲各地。為此，歌德等知識菁英很困惑：古希臘的政治制度對很多歐洲人來說是理想的制度，就如同海倫是最理想的美女一樣，但是過去的制度並沒有解決歌德的問題。最後，在這部長詩中，浮士德希望圍海造田，在白紙上創造一個烏托邦社會，這就是歌德的理想，當然這個理想也不可能實現。最終，歌德意識到，只有勞動與建設才能解決德意志的問題。在完成《浮士德》的創作時歌德已經八十二歲了，第二年，當這部史詩全部出版時，歌德也走完了他的人生歷程。

歌德在《浮士德》中寫下了「太初有為」這樣一句話，意思是說，在這個世界一開始的時候，人們是先有行動的。歌德在晚年思想發生了巨大的變化，不再糾結尋找完美的答案，而是開始重視行動，這就是他在聽到掘墓的鏗鏘聲時非常滿足的原因。後來，二十世紀著名的哲學家維根斯坦用這四個字概括了自己的哲學觀點。

維根斯坦認為，很多被人們討論了上千年還沒有答案的哲學問題，其實都源於一個錯誤的假設，就是萬物都有所謂的本質。從蘇格拉底開始，哲學家就在不斷追問世界的根源是什麼，正義是什麼，愛是什麼這一類問題。比如，蘇格拉底就曾經追問到底什麼才是虔誠。有人回答他，我的父親不敬神，我控告了他，這就是虔誠。蘇格拉底說，這只是虔誠的一個例子，不是虔誠的本質。但至於什麼是虔誠的本質，蘇格拉底並沒有給出答案。再比如，對於愛的本質是什麼至今沒有一個明確的解釋，很多人說愛是一種互相傾慕的感情，人們渴望對方成為自己生活的一部分。但是，父母與子女之間的愛就未必如此了。黑格爾進一步把愛抽象成情感關係，但老師愛學生更多的是出於義務，而非情感。更有諷刺意味的是，如果兩個相愛的人開始空談愛的定義，那他們此時就恰恰停止了彼此相愛的行為。因此，維根斯坦就用「太初有為」作為自己的座右銘，他認為一切的開端是行動，然後才是語言和思想。

達成共識是一致性答案的前提

既然先有行動，再有語言，那接下來的問題就是：語言能否準確地表達行動呢？這裡的行動也包括我們的思維活動。維根斯坦認為，很多時候這也是做不到的。比如，一個每天說「我愛你」的人，和一個從來不說「我愛你」但用行動表達愛的人，哪個更愛你呢？如果你認為只有能講出一套有關愛的理論才證明自己愛對方，那你就屬於蘇格拉底一派；如果你認為行動就是愛的證明，不需要給出愛的定義，那你就屬於維根斯坦一派。如果你覺得可以抽象地討論愛人類，那你就屬於蘇格拉底一派；如果你覺得需要透過愛具體的人來愛人類，那你就屬於維根斯坦一派。換句話說，對於語言究竟能不能準確地表達行動這個問題，維根斯坦的看法是否定的。

既然語言不能準確表達行動，那麼用語言給出的答案也肯定不是一種行為的標準答案。為此，維根斯坦和著名數學家、「電腦科學之父」圖靈有一個著名的爭論：我們應該說「發明」了數學定理，還是應該說「發現」了數學定理？我們一般都認為，數學定理本來就在那裡，它們是世界的普遍規律，人類只是發現了它們，就如同畢達哥拉斯發現了畢氏定理一樣。圖靈就支持這種看法。但是，維根斯坦則認為，數學只不過是數學家規定了某種原則，然後符合這些原則的結論就被認為是真理，因此，應該說是那些研究數學的人「發明」了數學定理或者數學方法。比如，笛卡兒把代數公式用幾何圖形表示出來，大家認可這種方式，我們就說笛卡兒「發明」了解析幾何；同樣，我們也說牛頓和萊布尼茲「發明」了微積分。

從這個例子再往前思考一步，維根斯坦又告訴我們一個重要的結論：人類之間共識的重要性。他舉了這樣一個例子。

我們面前有一個箱子，我用尺量了一下，說他是長三尺、寬兩尺、高一尺，你也用尺量了一下，發現尺寸和我說的一樣，你就認可了我的說法，這就是共識。但是如果我們用有彈性的橡皮尺去量這個箱子的尺寸，每個人量出來的數據都不一樣，我們對它的尺寸就沒有了共識。而我們之所以能說出一個箱子準確的長、寬、高，是因為我們都拿一把剛性的尺去測量，不會破壞這個原則，而不是拿一把有彈性的尺去做這件事。

對於任何問題，他認為有一致性答案的前提是有共識存在。對於那些所謂的無解的哲學問題，並不是因為大家給出的答案不好，而是因為大家對這些問題的理解不一樣，無法取得共識，在這種情況下，就不要強求給出答案了。

因此，對於生活中那些不知道答案的問題，不需要糾結，先行動起來就好。維根斯坦很認同尼采的一個觀點。尼采認為，基督教不是內在的信仰，而是外在的實踐，因為有的基督徒連《聖經》都沒有讀過，卻能按照基督教的教義生活。維根斯坦認為，一個人理解了知識的標誌不是能夠背誦這些知識，也不是能夠把這些知識說給別人聽，而是能夠用好這些知識。這便是他所說的「太初有為」的涵義。

行動才能解決問題

世界上很多事情不是透過答案來解決，而是透過行動來解決的。就說德國吧，從它在十七世紀的三十年戰爭被徹底毀滅開始，一代又一代的德意志菁英（當時還沒有德國）都在尋找答案，但沒有什麼效果。最終，德意志地區統一為德國，德國崛起成為歐洲強國，靠的是他們從十九世紀初到十九世紀六七〇年代半個世紀的行動。在這期間，德國成為世界上最早進行專業高等教育（即洪堡的教育體制）的國家，完成了工業化，然後在統一問題上取得了共識。這些都是具體的行動。對於德國的成功，歷史學家、社會學家和政治家都提出了很多看上去很漂亮，邏輯也能連貫的理論，但這就如同先射箭，後畫靶子。

我過去在很多場合講過，對於成功創業者的經驗聽聽就好，不要太當真。因為那些人最大的價值是他們行動的能力，而不是一開始就對各種複雜問題有了明確答案，然後按照答案去行動。他們的經驗大部分是事後對當時的行動給予的一個合理解釋罷了。因此，我們在向創業者投資時，對他們津津樂道的商業計畫其實沒那麼感興趣，我們真正感興趣的除了對方的誠信、勤奮等基本品質，主要是這個人的執行力以及做事情的決心。創業者要解決的問題都是以前沒有答案的問題，否則就不需要創業了，而他們商業計畫書給出的答案，是無法反映他們當時對一些問題的見解的。投資的回報，從本質上講，不是對考試分數的回報，而是對行動力的回報。

「太初有為」，簡簡單單的四個字，卻包含了無限的智慧。

解決問題，不只靠腦子

世界上有很多事情是學不來的，為什麼這麼說呢？我先從學科的鄙視鏈談起。

我在職業生涯中和各個學科的大學教授打了幾十年的交道，這些教授的研究領域，從比較抽象的哲學和數學，到稍微具體一點的實驗科學，再到非常實用的醫學，以及勉強和科學沾上邊的經濟學都有。在過去的幾年裡，我還一直在做一件事，就是建立一個平台，讓最好的大學教授為企業家上課。這麼多年接觸下來，我不得不承認在很多教授的內心裡，學科之間是存在鄙視鏈的。這裡事先聲明，我接下來要說的純粹是事實，沒有任何偏見。

學術領域一直存在一種學科之間的鄙視鏈。研究純數學的看不起搞應用數學的，所有數學家看不起自然科學家。在自然科學中，研究理論物理的看不起搞實驗物理的，物理學家看不起化學家，而化學家看不起生物學家和醫學家。上述學科的學者都看不起經濟學，並且把它排除在科學之外。當然，研究經濟學的又會鄙視其他人文學科。這樣就形成了一條鄙視鏈，這種鄙視有些時候大家開玩笑時會講，有些時候學者會拿來自嘲，但更多的時候只存在於學者們的心中，大家並不會講出來。

為什麼會有這樣一條鄙視鏈？這就和他們所創造的知識的性質有關了。數學知識一旦被證明，就是正確的，就會永遠被使用下去。當然，證明搞錯了，大家沒看出來，事後被指出錯誤，這種不屬於我們所說的被證明。比如，畢氏定理被證明了，不僅會被永遠地使用下去，而且很多新的知識都繞不開它，需要建立在它的基礎之上。所以研究純粹數學的人有他們驕傲的本錢。

物理學原本是研究世界萬物運行規律的，這些規律在宇宙誕生時就存在了，照理講能找到這樣的規律非常了不起。但是人的認知是有限的，看到的現象可能也只是表象，比如大家看到日月星辰東升西落，並不說明它們圍繞地球運轉，反而是地球自己在轉。因此，物理學的知識每過一段時間就有可能被證偽，物理學家就沒那麼硬氣了。而物理學之所以能夠站在自然科學的頂端，主要是靠它的兩大特點。首先，「近代物理學的祖師爺」牛頓將它數學化了，牛頓改變世界的大作《自然哲學的數學原理》雖然是一本物理書，但它完全是仿照歐幾里得《幾何原本》的格式寫的，也就是說，他按照幾何學的結構建構了物理學，而其他自然科學至今沒有做到這一點。其次，物理學能夠透過實驗證實和證偽，只要把條件說清楚，它的結論要麼是對的，要麼是錯的，清清楚楚，這樣大家用起來的時候就很放心。今天的文明成就在很大程度上就是建立在物理學這種性質基礎之上的。不可能說具有同樣力學結構的橋梁，一座建起來用得好好的，另一座卻很快塌了；高鐵使用同樣的電力，就能維持同樣的速度，不會忽快忽慢。

由於篇幅的原因，我們就跳過其他學科，直接分析經濟學。經濟學是什麼？很多人以為經濟學是研究如何賺錢的學問，這其實是一種外行的誤解，或者說是對經濟學庸俗化的理解。大家只要看看，世界上沒有幾個經濟學家能賺到大錢，就知道經濟學家想的不是如何賺大錢的問題。那麼什麼是經濟學呢？英國當代著名經濟學家萊昂內爾・羅賓斯給出了經典的定義：經濟學是一門科學，它研究的是如何將有限的、具有不同用途的資源進行分配，來滿足特定的目的。這個定義今天被廣泛接受。

從羅賓斯的定義可以看出，至少在經濟學家看來，經濟學是一門科學。但是在自然科學家看來，經濟學家的水準太低，提出的理論經常出錯，而且經常是大家集體出錯。比如在二〇〇八年金融危機時，沒有一個主流經濟學家預見了金融危機的到來，以至當時的英國女王對此都驚訝不已。至於個別預測到那場危機的經濟學家，後來被發現他們無非是永遠看壞世界經濟而已，只不過如同一座不走的鐘，一天總能準確地報時兩次。到二〇二〇年，為了應對全球公共衛生事件，世界各國都採用量化寬鬆的貨幣政策，以至於到二〇二二年全球發生自一九八〇年以來最嚴重的通貨膨脹，而在此之前，同樣沒有經濟學家發出警告。

在自然科學領域，只要找出一個反例，就能推翻現有的理論，而那些還沒有被推翻的理論，都是不斷被驗證，屢試不爽的。比如牛頓留下的公式，他的同事哈雷拿去用，就能準確預測幾十年後彗星運行的軌跡。因此，像經濟學家那樣，隔三岔五犯錯，還死守自己的理論，被自然科學家鄙視也就不奇怪了。

一九八七年，世界知名的複雜性科學研究中心聖菲研究所展開了一次由自然科學家和經濟學家共同舉行的研討會，大家交流了一下在學科研究中的心得。自然科學家的代表是在超導體領域貢獻卓著的諾貝爾物理學獎得主菲利普·安德森，而經濟學家的代表是獲得一九七二年諾貝爾獎的肯尼斯·阿羅，他們各自挑選了九名自然科學家和經濟學家，組成自己的團隊，然後進行了十多天的深入交流。這些被選出的學者，有的後來成為諾貝爾獎獲得者，有的成為美國的財政部長和大學校長。

在交流中，經濟學家驚訝於當今的科學成就，而自然科學家則驚訝於數學在經濟學中的應用。他們發現，經濟學家用到的數學公式一點不比自己少，但是他們同時也發現，經濟學家都非常癡迷於那些簡化的數學模型。這十多天的交流，雙方對彼此的領域都有了初步的認識。自然科學家意識到，經濟學的問題遠比他們原先理解的要複雜得多，但是經濟學家反而在用那些簡化的、近似的數學模型解決問題，甚至他們還癡迷於過分簡化的模型。顯然，在自然科學家看來，這種簡化的模型肯定會錯誤百出。而經濟學家則發現，一方面自然科學家都低估了現實世界經濟學問題的複雜性，但另一方面他們也驚訝於自然科學家能夠對一個非常具體的自然科學問題，提出極為準確的數學模型。

自然科學家還發現，經濟學家做研究的習慣「特別不好」。自然科學家每提出一個理論，不僅要能解釋以前看到的現象，還需要不斷做實驗來證實自己的理論。但是，經濟學家從來不做實驗，只是在辦公室裡算算術，用批評者的話說，就是經濟學淪為了黑板上的學說。因此，雖然各種經濟學理論看上去很完美，而且在邏輯上都說得通，但是遇到現實問題就對不上了。不僅自然科學家瞧不上經濟學家，就連經濟學家自己也自我嘲諷。比如，曾經擔任美國總統經濟顧問委員會主席的著名經濟學家格里高利．曼昆就說，經濟學家如同拿了過多補貼的奶農。意思是說，經濟學家花了很多研究經費，卻沒有什麼拿得出手的產出。直到今天，絕大部分自然科學家都不認可經濟學是科學，因為經濟學家工作的方式和自然科學家完全不同，經濟學的理論難以驗證。即便在一些時候證明是對的，它也依然經常犯錯。另外，即便一些理論錯了，也因為未必無用而不能完全拋棄。這樣的性質顯然不是自然科學的屬性。

經濟學顯然有用，因為社會資源的分配其實要靠經濟學。那麼為什麼對於經濟學的研究不能像自然科學那樣做得更好一點呢？簡單的回答是，根本做不到！

經濟學的難點在於三個方面。首先，它面對的問題範圍太大、變數太多。我們日常解決的問題通常只涉及少數人，但是經濟學的問題涉及整個社會。在過去，一個國家、一個經濟體還是封閉的社會，今天的情況則不同，一個小縣城和世界不知道哪個地區就產生了關聯。比如二〇二二年的俄烏戰爭導致德國能源的短缺，到了九月，突然引發了對義烏電熱毯需求的猛增。要對這樣大範圍的問題建立一個數學模型，變數就特別多。做股票投資的人都知道，僅僅是美國，每天都會產生幾個甚至幾十個經濟學數據，一年就是上千個，而每一個所謂的數據，比如某月美國非農業新增就業數據，裡面其實是一大組數據。有人做過不完全的統計，僅美國一年的各種經濟指標就有兩萬多個，即便你把不重要的刪掉，留下一〇%最重要的，仍然有兩千多個。沒有哪個經濟學家能把這兩千多個指標都研究清楚，也沒有哪個數學模型能夠考慮這麼多因素。因此，在自然科學家看來，經濟學中的數學模型都太簡單、太粗糙，但其實經濟學家也有難言之隱。當然，有人可能會問，有了大數據之後，這個問題能否解決？答案是依然解決不了。

其次，人的經濟活動存在非理性的一面。雖然亞當·史密斯當初假設人都是「經濟人」，也就是說都是理性的，能夠看清楚自己的利益所在，但這其實也是一個非常粗糙的假設，人的很多行為是非理性的，而這些行為會影響經濟。比如，很多人炒一些毫無價值的虛擬貨幣，投入直銷中去購買毫無用途的商品，這些就是非理性行為，但是這種行為一旦成為一群人的共識，就會影響經濟。在最近幾十年裡，很多諾貝爾經濟學獎都授予了研究經濟學中非理性因素的學者。也就是說，這件事現在越來越被學界重視。科學的方法本身是理性的，要用理性的方法解決非理性的問題就不太現實了。

最後，進行經濟學的實驗幾乎不可能。經濟學理論的實驗場是社會本身，任何一個經濟學理論如果要實驗，都需要在一定範圍內實施，這就會對經濟本身產生影響，有可能是好的，也有可能是壞的。由於不同地區、不同時間的條件不可對比，即使在一個地區實驗成功，也不等於用在更大的範圍內效果會同樣好。這和自然科學可以在同等條件下反覆實驗完全不同。因此，即便是被認為好的經濟學理論，換一個時間和地點，也可能出問題；看似壞的理論，在一定的條件下可能反而有效。因此，經濟學從來不談對錯，只談好壞，甚至有時也很難對比好與壞，因為沒有參照物，只能看是否有效果。

經濟學在人文社科學科中算是最接近科學、最數學化的學科了，其他人文學科如果要按照自然科學的標準來做研究，難度比經濟學還大。

我們之所以分析自然科學和經濟學的區別，倒不是想解釋鄙視鏈的由來，而是想說明，**在這個世界上，有很多問題我們是無法直接應用他人的理論、經驗或者想法來解決的，很多事情也不是我們動腦筋想清楚就能夠做好的。那些事情，只有當我們真正開始做的時候，它們才能被慢慢解決。**

這也不是說學習那些理論或者動腦筋不重要，只是因為世界上單純靠動腦筋能解決的問題其實很有限，大部分事情都太複雜，需要動手之後才知道如何解決。而且這些問題，占我們日常遇到問題的大多數。

學會跳出問題看問題

世界上總有一些問題看似簡單，其實我們對它們一無所知或者所知甚少。我們絞盡腦汁也想不出什麼好方法來解決它們，我們動手嘗試著去摸索，卻發現除了消耗時間、浪費金錢，一無所得。比如在歷史上，人們就曾經想用圓規和直尺三等分已知角，想為人類安裝上翅膀像鳥一樣飛行，想讓機器具有類似人的智慧。這些問題一開始大家都不覺得是什麼難事，但是真解決起來才知道極為困難。我們接下來就講講這類問題該如何解決。先從人類探索這三個問題的歷程說起。

看似簡單卻不簡單的問題

用圓規和直尺三等分已知角是一個古老的數學謎題，這個問題稍微學過幾何的國中生都能理解。早在古希臘時期就有人嘗試解決，但是一直到十九世紀大家還是沒有做出來。被這個看似簡單問題難倒的大數學家不計其數，包括大名鼎鼎的高斯。那麼這個問題最終是如何解決的呢？這要感謝一個死的時候只有二十歲的數學天才：伽羅瓦。他提出了一套新的數學理論，能夠很容易地判斷任何幾何圖形是否能用圓規和直尺畫出，恰好三等分已知角這件事就做不到。

飛行的問題也困擾了人類上千年，直到十九世紀初，人類都沒有找對方向。從表面看，鳥和昆蟲有翅膀，振翅就能飛行，因此只要讓人類或者機械裝一個能夠像鳥一樣振動的翅膀就好了，就連大名鼎鼎的達文西也是這麼想的。到十七世紀，義大利的科學家博雷利才藉由研究動物肌肉、骨骼和飛行的關係，指出人類的肌肉力量不足以像鳥類那樣振動翅膀飛行，宣告了人類各種模仿鳥類的飛行努力都不可能成功。到十九世紀，英國科學家喬治．凱萊終於弄清楚了飛行背後的空氣動力學原理，於是人們才知道其實根本不需要振動翅膀也能飛行。後來萊特兄弟發明飛機，就是利用了凱萊的空氣動力學原理。

人類在如何讓機器具有智慧方面也走了很多彎路。一開始，人們總想著讓電腦模仿人，這條路走了三十年，幾乎毫無成就可言。後來，學術界把持有這種觀點的學者稱為「鳥飛派」，因為他們就如同當年試圖藉由模仿鳥類飛行造出飛行器的人。當然還有少數的學者堅持要搞清楚智慧的機理，他們被稱為「空氣動力學派」。顯然，空氣動力學派似乎走的是正確的道路。但是在最初的十幾年，空氣動力學派也沒有什麼建樹，原因是要弄清楚智慧背後的「空氣動力學」，要比弄清楚飛行器的空氣動力學難得多。直到今天，我們也不敢說智慧背後的原理完全搞清楚了，不過，至少這一派學者搞清楚了一件事，那就是智慧有多種形態，人的智慧只是其中一種。

今天，世界上至少有兩種智慧形式。一種是以人類為代表的，他們的個體智慧水準很高，而且具有所謂的多工智慧，也就是他們的智慧可以解決各種不同的問題，比如寫作、下棋、開車、談判等。這類智慧還有一個特點：個體不僅完全可以單獨做決策，而且決策水準和群體決策的水準相當，甚至還更高。另一類則以螞蟻、蜜蜂為代表，牠們的個體智慧水準很低，只擁有完成單一任務的智慧，獨立的個體無法做出決策，但是，牠們在一起時，群體的智慧水準卻很高。比如一群蜜蜂能夠搭建出結構非常合理的蜂巢，在分巢時做出好的決策。螞蟻、鳥群和魚群也有類似的特點。這些動物每一個個體掌握的資訊極為有限，但卻有一種有效傳遞資訊和綜合資訊的能力，以至群體在做決策時用的是牠們所獲得的全部資訊。這一點，人類反而做不到。

人類在人工智慧領域取得了重大突破，甚至在很多領域人工智慧做得比人都好了，靠的就是大數據、計算能力和數學模型。它們是今天全世界人工智慧的三大基石，對於人工智慧的作用，好比空氣動力學對於飛行的意義。事實上，今天的人工智慧和人類的思維方式幾乎沒有共同之處，它們更像是蟻群和蜂群的智慧。今天很多城市都在建設智慧城市，在大數據和人工智慧的幫助下，城市被管理得井井有條。比如在社會安全方面，各種監控設備能夠防範各種隱患，這一點在過去靠人類的智慧是做不到的。這樣一個智慧城市會有無數的攝影機、感測器以及運行人工智慧程式的電腦。把上述任何一個設備單獨拿出來，它不會很智慧，但是當它們構成一個整體時，就形成了一種超人類的智慧。

接下來我們說說這三個問題之間的共性。首先，這三個問題都很容易被描述清楚，即便是外行也能理解問題是什麼，因此大家會產生一種天然的反應，就是它們都很容易解決。但是，人類一開始都找錯了方向。

其次，這三個問題的答案不在當時人們認知的世界裡，或者說，當時全人類的知識儲備都不足以解決它們。因此，無論是做理論研究還是動手嘗試都不會有任何結果；不僅獲得不了成功的經驗，也得不到失敗的教訓。

再次，解決這三個問題都需要理解它們各自的「空氣動力學」原理，而這些原理隱藏在更高的維度，並且是常人想不到的方向。具體到三等分已知角，需要的理論基礎不是幾何學本身，而是近世代數；製造飛行器，不是要想辦法快速振動翅膀，而是透過翅膀的形狀獲得升力；類似地，人工智慧不是模仿人的智慧，而是從數據和計算能力入手解決問題。也就是說，我們看到的問題是A，其實它的答案在B，而B要麼之前還不存在，要麼大家沒有將它和A連結起來。

最後，解決這些問題的人要麼是另一個領域的學者，要麼是反傳統的人。伽羅瓦是一位反傳統的數學家，他二十歲時就開創了一個新的領域；凱萊在當時被人認為是瘋子，以至於他的助手都辭職了；至於最終發現可以用大數據解決人工智慧問題的人，是一群研究通訊和數學的學者，而不是傳統的電腦科學家，他們從一開始就不認為人工智慧要模仿人，而是站在電腦的角度去看如何獲得另類智慧，用另類智慧解決過去需要靠人類智慧才能解決的問題。因此，一個人如果限制於傳統的思維模式，這些難題是解決不了的。

當然，還有一點需要注意，那些長期困擾人類的難題得到解決，是需要長時間等待的，也是需要運氣的，因此，它們不能被解決是常態，被解決才是奇蹟。

站在更高維度去尋找答案

對於生活在現實世界裡的大部分人，可能不需要去考慮如何解決上述難題，但是人的一生也都會遇到一些對自己來說天大的問題。比如，很多家長和學生就發現，升學和就業的問題是無解的。他們的想法是有一定道理的，我把他們的邏輯總結如下。

首先，如果不是知名大學畢業，大廠和前幾大企事業單位都不會去招生。儘管中國每年上大學的大約有一千萬人，但符合上述標準的學校可能連五%都不到。當然，或許還能透過內部推薦得到一些機會，但是這種機會恐怕也是連五%都不到。其次，為了擠進這五%的學校，很多人從中小學開始就得非常努力。但是，學生並非都是天才，大部分人再怎麼努力也難以出類拔萃。最後，面對這種情況，很多家長開始學習教育學理論，但從結果來看，一代人的時間過去了，問題不僅沒有解決，而且好像還更嚴重了，否則也不會發明出「內捲」這個詞。可以說，大家對這樣一個既無解又想找到答案的問題很不甘心，卻又無能為力。

其實，解決教育和就業問題的方法不在教育本身。這和幾十年前不一樣了，過去的矛盾是社會發展水準不高，教育資源實在太少，而且教育資源在數量和品質上提升的空間也很大，因此解決上述問題的目標很明確，就是增加教育資源。另外，由於受過高等教育的人少，每一個人走出大學後的就業機會就很多。今天的情況卻是，教育資源是足夠的，只是所謂的優質教育資源少。那麼有沒有可能讓所有教育資源都變優質呢？從提高絕對水準來說，這件事不僅有可能，而且已經做到了。今天一所普通大學的專業課，都不比我讀書時的頂尖大學教得差。但是，如果從相對水準來看，頂尖的學校永遠是那五%。另外，從就業來說，好工作也永遠只是那五%。五%的機會不可能滿足一〇〇%的需求，這就是教育問題無解的原因。

在解決教育公平性的問題上，哈佛大學的第一位黑人博士杜波依斯所建議的辦法倒是能根本性地解決問題。杜波依斯是社會學家和民權活動家，他是從另一個層面，而且是更高的層面來看待教育不公平的問題。杜波依斯指出，要做到教育的公平，大部分工作其實要花在教育之外，具體來說，就是要做到社會分工的公平，也就是職業的平等。

我們的社會總是會有分工，會有人從事科技產業、金融服務，也會有人在餐廳裡做服務生、做廚師；會有人在辦公大樓裡上班，也會有人在辦公大樓裡做清潔工作，還會有人在野外冒著嚴寒酷暑從事作業。如果沒有分工，社會就運轉不起來。

但重要的是，每個人都應該理解，不同的分工不意味著人有高低貴賤之分，而從事不同工作的人，在維持社會運行和發展上都是有貢獻的，都是平等的。在教育的過程中會湧現出很多學霸和天才，但還有大量的人並不是學霸和天才，這些人也許上不了最好的大學，有的人甚至上不了大學，但重要的是，不論是什麼學歷、從事什麼樣的工作，每一個人都應該得到大家的尊重。如果每一個人在社會中都能獲得公平的待遇和尊重，上好大學這件事就不是一件「非如此不可」的事情了。**一個社會只有變得公平，只有社會裡的每一個人都有尊嚴，教育不公平的問題才有可能真正得到解決。**

日本、歐洲等發達國家也存在教育不公平的問題，但是那裡的程度卻輕很多。這不在於它們有更多的教育資源、更多高薪的工作，而在於那裡社會分工不平等的問題得到了較好的解決。在日本或者西歐生活過的人都有這樣一種體會，職級最高的和最低的人，其實收入水準和生活品質相差不算太大。這樣的社會會更關注職業平等，而非教育平等。

在遇到那些所有人都無解的問題時，我們解決它的可能性也非常小。通常這時人們對那些問題的認識還不夠深刻，關於它們的「空氣動力學」原理還沒有找到。因此，與其絞盡腦汁自尋煩惱，或者匆匆忙忙動手，不如接受它們無解的事實。而當不得不去尋找相應的「空氣動力學」原理時，我們應該有意識地跳出問題的本身，到更高的維度去尋找。

本章小結

對於先動手還是先動腦這個問題，其實答案是因人而異、因事而異的，這要看那個人在做什麼事情、想成為什麼樣的人。但是不論是先動手還是先動腦，想要獲得真知、獲得理論，都需要經過純粹的理性思考，而不能簡單地靠經驗的累積。世界上有很多事情並不存在所謂的本質，也不可能有一個統一的答案，對此我們能做的就是先做起來再說。世界上還有一些問題雖然有答案，但是卻在當前大眾認知所無法觸及的維度上。對此我們要麼等待，要麼必須超越問題的本身，到更高的維度中去尋找答案。

05

重塑能力

改變固有的行為模式

前幾年，世界各國最關心的一件事就是創新。特別是在中國「大眾創業、萬眾創新」（簡稱雙創）期間，各種和創業有關的詞，像風險投資、「獨角獸」、商業模式、顛覆性創新，不絕於媒體。

這幾年，雖然因為全球公共衛生事件暫時讓創新這個話題變得次要了，但從長遠來說，創新將會是一個永恆的話題。因為創新不僅對企事業單位、對國家重要，對我們自己也是如此。我們每一個人都會受益於自己的創新。因此，在這一章，我們就來談談和創新有關的話題，特別是創新時要注意的事項。

把錢變成知識和把知識變成錢的區別

促使我想談這個話題的原因有三件事。第一件事是在幾年前「雙創」的時候，很多人喜歡問我一個問題，即為什麼矽谷地區的創新通常都是技術創新，而國內的創新通常是商業模式創新。第二件事是每年十月諾貝爾獎獲獎名單陸續公布期間，總有一些媒體希望我談談為什麼中國已經是科技大國了，而且做出了很多世界第一的發明和發現，卻很少有人能夠獲得科學類的諾貝爾獎。第三件事是我和我的學長、英國皇家工程院院士郭毅可的一次對談，他的一些話讓我很有感觸。

我們先來從第二個問題講起。為什麼中國是科技大國，卻很少有人獲得諾貝爾獎。其實過去生物化學家李約瑟和科學家錢學森也問過類似的問題。李約瑟的問題是，中國古代的科技水準很高，但為什麼沒有出現科學革命和工業革命。錢學森的問題是，為什麼我們培養的人才成不了學術大師。這幾個問題其實是同一個問題，而要回答這些問題，先要澄清一個概念，那就是科學不等於我們所說的科技。科技這個詞是近幾十年發明出來的，其實它包含了兩個不同的概念：科學和技術，它們雖然有些相關性，但卻是完全不同的兩回事。今天很多人會泛泛地談科技，然後把科學和技術的概念混淆了。

什麼是科學？

為了便於大家理解科學和技術的差別，我們用一個比喻來說明：科學研究就是把錢變成知識，而技術開發就是把知識變成錢。這樣一說，大家就知道它們不是同一回事了。中國古代有技術，而且曾經在技術上還相當領先，但是真正意義的科學並不多。今天，中國在科學上取得了很多成就，但是相比在技術上的成就依然少得很。中國很多大學教授，一方面做科學研究，另一方面又想著如何把成果轉化為生產力，變成錢，這種想法其實不符合科學發展的模式。如果只是想把科學作為一個媒介，把錢變成更多的錢，那麼還不如直接到華爾街去投資，甚至去澳門賭博呢。

這也就解釋了為什麼到目前為止，中國獲得諾貝爾科學獎的人並不多，中國也沒有像錢學森所期望的那樣出很多學術大師，因為很多人把科學和技術混為一談了，並且希望兩件事都要做。

那麼一個社會環境怎樣才能誕生科學？什麼樣的人才能做好科學研究呢？二〇二二年，我和郭毅可討論了這個問題。郭院士講，其實在做科學之前要先搞清楚科學是怎麼一回事。郭院士講，「科學就是研究一些扯淡的事情」，這是他的原話。為什麼這麼說呢？因為科學是一種以獲得關於世界結構和規律的知識為目的而進行的智力活動，它的方法是觀察和實驗。因此，人們在研究科學的時候是不知道最後有沒有用、能不能賺到錢的。只不過有些科學研究後來發現能夠變成技術，賺到了錢，這是後來的事情，不是當初的目的。比如今天深度學習的演算法很有用，不少公司靠這種演算法賺到了錢，其實在二〇〇〇年前後資訊科學家約書亞．班吉歐、「深度學習之父」傑佛瑞．辛頓和電腦科學家楊立昆研究這個演算法時，大家都不看好它的用途，甚至這批人自己都不知道將來它有什麼用，只是覺得這個問題需要解決，而且能夠解決。至於後來它找到了應用場景，那也是後來的事情，和當初他們要做這件事無關。

因此，在歷史上，研究科學的人要麼自己很有錢，而且又對世界的規律很好奇，比如當年牛頓的同事波以耳和哈雷；要麼有人支持他做研究，以滿足他對知識的渴望，比如牛頓本人，以及今天被各國政府支持的科學家們。相比成為物質上的富翁，真正的科學家更希望成為精神上的富翁。比如高斯想出了用圓規和直尺畫正十七邊形的方法，而之前牛頓就沒有想出來，於是高斯非常滿足，他甚至希望在他的墓碑上刻一個正十七邊形，因為這是他最引以為榮的事情。

此外，做學問的人對科學需要有宗教般的虔誠，一個典型的例子就是畢達哥拉斯。畢達哥拉斯在科學史上是一位劃時代的人物，在他之前只有「前科學」，在他之後科學才開始逐漸形成。畢達哥拉斯對數學的態度近乎對待宗教的態度，他把數學神聖化，他認為數學可使靈魂昇華，與天地融為一體，萬物都包含數，甚至萬物都是數，「萬物皆數」的說法就來自他。當時很多人為了求知想要加入畢達哥拉斯學派，但是並不容易，因為他們要接受長期的訓練和考核，還得遵守很多的規範和戒律。

到了中世紀，在伊斯蘭世界和歐洲，很多學者懷著非常虔誠的心想弄清楚上帝創造世界的奧祕，雖然當時的研究環境並不好，但是這些人能夠幾十年如一日地做研究。今天，雖然很多科學家不再信仰宗教，但是他們對自然規律依然有著宗教般的敬畏。

什麼是技術？

接下來，我們來說說如何把知識變成錢，也就是技術領域的工作。

既然要把知識變成錢，就需要相應的知識存在。因此做技術工作的，首要任務不是去創造新知識，而是尋找已有的知識，看看如何把它們用好。這就好比要炒一盤魚香肉絲，我們去買兩斤豬肉就好了，不用先去養豬。今天很多做技術的人不是這麼想的，他們總想創造出一些之前沒有的新知識。有些時候，做技術確實能產生新知，但那是在將知識變成錢的過程中創造出的副產品，不是初衷。在一些科技企業中，大家會發現這樣一種現象，管理者安排一個博士生去改進一個產品，但這個博士生總是熱衷於基礎研究，對產品本身的改進沒有興趣，覺得那種工作沒有發揮自己的特長。這個博士生的想法其實就是沒有體會到什麼是技術，他把技術開發和科學研究混為一談了。技術開發的目的或者說創新的目的是賺錢，不是創造知識。

創新要基於現有的人類知識，或者說，要用已有的知識來創新，不要等別人去開發新知識才開始動手。在這方面，賈伯斯就做得特別好。賈伯斯一生主導了很多技術發明，他設計的產品經常讓人眼前一亮。不過，當你把他所設計的產品拆開了看，所有的技術都是早先就有的。以蘋果手機為例，它一出來時最大的亮點是那個觸控式螢幕，而那種觸控式螢幕技術是二十世紀八〇年代加州大學柏克萊分校的教授們發明的，賈伯斯只是在上面做了一點改進，透過軟體實現了多點觸控的很多功能，於是多點觸控也就成了一種新技術。

為了實現技術創新，個人需要不斷學習新的科學知識和技術成就，這樣才能在更高的基礎上做到技術進步。而一個國家和地區需要對新技術實行保護，同時也要保證從事技術創新的人在收益上超過做生意的和做管理的，否則為什麼要去做技術開發這種吃力不討好的事情。雖然我們說技術是把知識變成錢，但如果技術得不到保護，不能變成錢，就不會有人去開發技術了。假設在一個社會中，企業A花錢開發了技術，指望因此賺大錢，但是企業B直接偷去用，讓企業A無錢可賺，那麼企業A肯定不會再去做技術開發了，於是大家都不開發，最後只能互相抄襲。今天，絕大部分人都有一個錯誤的認識，覺得藥廠開發出新藥後不應該賣那麼貴，否則有失人道主義原則。其實今天一款新藥的研發成本，不包括一開始科學研究的費用，大約需要二十億美元。如果那款新藥最後賣不到二十億美元，就不可能有藥廠再去花錢研製新藥了，於是人類很多疾病就難以救治，壽命就難以進一步延長了。

了解了什麼是科學，什麼是技術，一個研究機構、一家企業就知道什麼事情該做，什麼事情不該做了。當然，有了一項技術還不等於創新就完成了，更不等於在商業上就能成功，這件事我們下一節再講。

什麼是真正的從〇到一

彼得．提爾的《從0到1》在創業圈有一定的影響力，不過，在這本書中，有一件事作者卻沒有寫清楚，或者說強調得不夠，那就是從〇到一是一個完整的過程，不是腦子靈機一動想到一個什麼好點子就算完事了。彼得．提爾在書中給出了幾個從〇到一的例子：蓋茲創辦微軟，賈伯斯創辦蘋果，佩吉和布林創辦Google。其實從嚴格意義上講，在這三個例子中，從〇到一的過程不是微軟、蘋果和Google完成的。作業系統不是蓋茲原創的發明，微軟的優勢產品DOS和Windows最初要麼是買來的，要麼是和別人學的；賈伯斯在發明蘋果個人電腦、iPod、手機和平板電腦之前，其他公司都有類似的產品；至於網頁搜尋，在佩吉和布林創辦Google之前，已經有好幾家類似的公司了。不過，如果把從〇到一的定義，由從無到有改成從科學到技術再到產品，最後到商業成功的全部過程，這幾個例子就說得通了。

我經常用發明青黴素的例子來說明光靠偶然的運氣或者靈機一動，甚至有準備的頭腦，都是遠遠不夠的。如果要問到底誰發明了青黴素，大家會想到亞歷山大·弗萊明。他因為一次偶然的發現，找到了能夠殺死細菌的青黴菌，於是便發明了青黴素。這個故事在世界上幾乎家喻戶曉，然而，這個故事其實非常誤導人，因為它只說出了一小部分事實，以至讓很多信以為真的人覺得從無到有做成一件事很容易，只要有一個有準備的頭腦就行了。

那麼真實的情況是什麼樣的呢？弗萊明的確因為培養的細菌被黴菌殺死了，而想到了黴菌中含有抗生素。但是，培養皿中的黴菌並不能直接入藥，在接下來的十多年裡，弗萊明並沒有取得更多的進展，以至他最終決定放棄這項研究。這時，另一位科學家霍華德·弗洛里注意到了弗萊明的研究成果。和弗萊明不同的是，弗洛里有一個強大的研究團隊，包括生物化學家柴恩、愛德華·亞伯拉罕和希特利等人。後來，柴恩和亞伯拉罕從青黴菌中分離和濃縮出了它的有效成分：青黴素，這才有了能夠作為藥品的青黴素這種物質。此後，希特利研製出一種青黴素的水溶液，並且調整了它的酸鹼度，這才使得青黴素能夠在人和動物身上注射。在這個過程中，弗洛里展現出他的領導才能，他運用了當時很多資源來幫助實驗室培養青黴菌，確保他的同事可以做研究。

但即便如此，在實驗室裡製造的那點青黴素藥物也只能做老鼠動物實驗，不足以讓人使用。如果青黴素的研究就此止步，就不會有後來能拯救億萬人生命的靈藥了。弗洛里意識到光靠科學家不足以完成青黴素從〇到一的過程（當然當時還沒有這種說法），他需要大藥廠的幫助，於是他說服了英國著名的兩家藥廠葛蘭素（今天的葛蘭素史克）和金寶畢肖（後來賣給了輝瑞）參與研究，但是光靠英國的力量也不夠。所幸，當時第二次世界大戰在即，美國人也意識到抗生素的重要性，在洛克菲勒基金會的協助下，弗洛里將一半的團隊派到美國，在美國人的幫助下繼續研究。在美國，研究人員一度為如何提高黴菌的產量而發愁，幸運的是一位護士在希特利的指導下，在市場上找到了一種長滿綠毛的哈密瓜，這才找到能夠大量繁殖並產生青黴素的菌種。再往後，弗洛里終於說服了美國各大藥廠，特別是默克和輝瑞，投入上萬名工程師，一起來解決製藥中的工程問題，這才讓青黴素得以量產。

與此同時，留在英國繼續做研究的亞伯拉罕，終於搞清楚了青黴素能夠殺菌的原理：青黴素中的青黴烷溶解了細菌的細胞壁，殺死了細菌，而這種物質對人和動物無害，這才讓我們敢於大膽使用青黴素。再往後，英國著名女科學家桃樂絲・霍奇金透過X射線衍射，弄清楚了青黴烷的分子結構。麻省理工學院的科學家約翰・希恩又基於霍奇金的研究成果，人工合成出了青黴素。這才讓這種神藥能夠輕易地被生產出來，而且便宜到全世界所有人都用得起。至此，發明青黴素從〇到一的全部過程才算走完。而在這個從〇到一的例子中，除了我們前面說的科學和技術，其實還涉及另外一個相關的概念，那就是工程。

在青黴素的研製過程中，默克等藥廠解決了很多工程問題，比如，當時工程師遇到一個看似簡單卻費了很大功夫才解決的工程問題。在實驗室裡培養黴菌提煉藥物用的都是培養皿等小型容器，但要大量生產青黴素，就需要那種能裝幾噸黴菌培養液的大罐子，因為藥廠需要培養上千噸黴菌溶液。但是，罐子一旦大了，黴菌的培養液就會發酵產生大量泡沫，那些泡沫就會阻礙空氣和培養液的接觸，沒有了空氣，黴菌就無法生長了。這個看似不大的問題若得不到解決，青黴素的產量就上不去。後來禮來製藥公司的工程師發明了除泡劑，才解決了這個問題。最終，藥廠能用四十立方公尺的巨型「池子」來培養青黴菌，而且還把青黴菌的濃度增加了八十至九十倍。這樣才保證了在二戰後期，英美軍隊每一個傷患都能使用到青黴素。可見，只有技術卻不能解決工程問題，創新可能就會被埋沒，不會為世人所知。

那麼，工程和技術有什麼差別？技術強調的是滿足人類的某種需求，而開發新的或者改進現有的方法和流程。工程則是一種系統的、能夠反覆運算進步的，設計、加工和製作以滿足人類需求的產品和服務。因此，技術強調新穎性，而工程則強調可重複性，能大量複製，能產生可預期的效果。你設計了一個新式的橋梁結構，它用到了固體力學的原理，這算是技術；你用現有的材料，把那座橋搭起來滿足交通需求，而且在同樣的環境中還能用同樣的成本搭起同樣的橋，那是工程。

近幾年，有很多投資新能源汽車的基金賠了很多錢，原因很簡單，那些投資人只知道看技術，不知道考慮工程的因素。一家初創的新能源汽車公司，從特斯拉挖幾個人過來，打造出一輛能跑的樣車不是一件難事，這只說明這家公司有了技術。但是這家公司能夠一個月生產出一萬輛車，而且能保證每輛車品質都相同，就是另一回事了，如果能實現，這說明該公司能夠在工程上做汽車了。到此為止，從〇到一才算完成。

當然，有人可能會覺得，我如果做軟體、做互聯網服務，不就沒有工程問題了嗎？因為一旦軟體發展出來，複製多少份幾乎都是零成本的。軟體產業當然有這個特點，我們不能用傳統製造業的標準來要求，但是軟體產業也存在大量工程問題。比如，你開發了一款手機上的健身應用程式，它的複製當然不涉及製造成本，但是這並不意味著它不需要解決工程問題。假如這款應用程式占了手機一半的處理器資源和大量記憶體，這就是沒有解決好工程問題。程式師寫一些程式，可以實現健身的各種需求是一回事，因為它不太需要考慮資源的占用，只要功能都實現了就好，但是寫一款實用的應用程式是另一回事，因為裡面所有的工程問題都需要解決。如果能使用十兆的記憶體，就不需要用一百兆；如果能只占用三％的處理器資源，就不要占用一〇％，做到這些，就是解決好了工程問題。只有工程問題都得到解決的應用程式才有人願意長期使用。當然，軟體本身的穩定性也是一個必須要做好的工程問題，一個體驗很好的軟體，如果三天兩頭閃退顯然是不行的。

今天很多行動互聯網企業做的東西看似有用，但就是沒人用，很重要的原因就是工程問題沒有解決好。很多創業者甚至不知道這一類應用中存在大量的工程問題，他們甚至認為在工程上多花點功夫是浪費時間。

從〇到一顯然不是一開始有一個好想法，或者發明了一項新技術就算完成了，而是要走完從想法到技術再到大家真正受益的全部過程，蘋果、微軟和Google都是如此。當能夠從這個層面理解從〇到一之後，我們就會發現這其實是一件很難做到的事情。如果不能做好全部過程，從結果上來看，把後一半做好更重要，也就是說不管從哪裡開始起步，至少要把事情做完。事實上，蘋果、微軟和Google都不完全算是從〇開始，但它們都是走完了後半程的公司，也就是說，它們是從某個起點走到了一。世界上從來不缺邁出第一步的人，但是通常邁出了這一步就沒有下文了。很多人以為自己完成了從〇到一，至少也是從〇走到了〇．一，其實任何不完整的工作都是沒有意義的，只有完成了一，你之前所做的工作才能展現出價值。

對創業者來說，走完從〇到一的過程，解決了從技術到工程的所有問題，還只是成功的第一步，接下來還有很多問題要解決。比如，不僅要做到好，還要做到不貴，這樣才能滿足大眾需求。這是我們後面要討論的問題。

大眾需求與小眾需求

二〇二二年，我和一位在日本做風險投資的朋友聊起國內某家曾經風生水起的創業公司失敗的教訓。這位朋友根據他對該企業的了解，一針見血地指出了那家企業創辦人最大的問題，就是他把身邊朋友的需求當成了大眾需求。這種情況在創業者中其實很常見。接下來我們就來談談大眾需求和小眾需求之間的辯證關係。

不要把小眾需求當成大眾需求

小眾需求通常無法變成大眾需求，這和人努力不努力無關。

很多人會因為自己和周圍人的某種需求得不到滿足，做出發明創造以滿足這些需求。這些需求有些是所有人都有的需求，比如在十九世紀末，菲利克斯·霍夫曼因為自己的老父親飽受風濕病之疼痛，決定發明一種止痛藥，最終他發明了阿斯匹林。這種個人的需求本身也是大眾的需求。

但是很多個人需求就不是大眾需求，或者說不可能成為大眾需求。比如甲骨文創辦人賴瑞·艾里森喜歡日本的文化和美食，覺得矽谷地區的日式料理做得不夠正宗，就自己開了一家高檔的日式料理店。這家店位於矽谷的中心帕羅奧圖，店面不大，價格昂貴但生意很好，經常訂不到位。不過，艾里森也就開了這一家。大家可能會問，既然生意這麼好，為什麼不再開第二家了呢？原因很簡單，艾里森知道，他的喜好是小眾需求，大眾是不可能為了食物更精緻一點花那麼多錢的。

今天很多企業出於愛屋及烏的心態，本能地把自己所做的、原本屬於小眾的需求當作大眾需求來對待，覺得只要自己努力，就能把它做大，滿足大眾的需求。這種想法用一句俗話講就是「想多了」，因為大眾並沒有他們想像的那樣的需求，這其實也是很多企業和個人失敗的開始。有著這種想法和偏好不奇怪，因為人類有一個特點或者說弱點，就是喜歡大而不喜歡小，喜歡獲得而厭惡失去。

小眾需求也要得到滿足

大眾需求和小眾需求各有各的必要性，各有各的市場。世界上不可能只有大眾需求，有些小眾需求也需要得到滿足，這會形成相應的市場。除了我們前面講到的艾里森開日式料理店的例子，米其林餐廳其實就是在滿足小眾需求。在商業上，最成功的案例還不是這些奢侈的餐飲消費，而是保時捷汽車。當初大眾汽車和保時捷汽車的創辦人老費迪南．保時捷博士和他的兒子，成功地把小眾需求做成了一個不小的生意。

老費迪南．保時捷博士，是德國著名的汽車工程師、發明家和企業家，在歐洲汽車工業的地位堪比福特在美國的地位。為了讓當時德國的老百姓都買得起汽車，他創立了大眾汽車公司，針對大眾市場生產汽車，其中最有名的就是便宜實用的大眾金龜車。這款大眾產品賣了幾千萬輛，成為歷史上最受歡迎的車型。但是，老費迪南和他的兒子費利都懂得一個道理，就是我們每一個日常開車的人都希望自己的汽車性能可以適應任何路段。當然這樣的汽車價錢會更貴，因此只能做成小眾需求的產品，於是他們創辦了另一家公司保時捷汽車，然後向市場推出不僅僅是在賽道上開的日用跑車：保時捷356。保時捷356針對的是喜歡開車的高薪階層，那是一個小眾市場。如果你從外觀看，這種日用跑車和大眾金龜車非常相似，但是由於性能不同、內部結構不同，價格會相差很多。後來，保時捷又推出了一款性能更高的跑車保時捷911，它依然針對小眾市場。今天保時捷的年產量也只有三十萬輛，而它的姊妹公司大眾汽車的年產量卻高達九百萬輛，是前者的三十倍，但是兩者都很成功。

當然，總會有人想，產量上去了，成本是否就能下來？大眾產品是可以做到的，但是小眾產品不可能因此成為大眾產品，這裡面有三個原因。

其一，很多產品和需求之所以是小眾的，就是因為它具體的要求非常多，成本下不來。比如，每一個鋼琴家對於鋼琴的音色都會有自己的偏好，這是不可能透過大規模工業化生產實現的，要一台一台做。因此，針對大眾的山葉鋼琴在做宣傳時，會強調每一台的品質都是相同的，但是針對鋼琴家的史坦威則會宣傳每一台都有自己的特點，鋼琴家會根據自己的喜好挑選。

其二，世界上永遠有人不想讓自己和其他人看上去相同，他們要強調個性。如果一個原本針對他們的商品所有人都在用，他們就會選擇放棄。今天很多奢侈品品牌就是利用顧客的這種心理做生意，它們會把品質提升一倍，然後把價格提升十倍。

其三，有些需求真的就是小眾的，比如很多藥品便是如此，因為得那些罕見病的人非常少。這兩年，你可能看過這樣一則報導，一種叫作CAR-T的癌症標靶藥物一劑要幾十萬美元。很多人不了解情況，指責藥廠漫天要價。藥廠解釋是因為這種完全個性化的藥品不是簡單幾顆藥，而是一整套治療方法，成本確實很高。當然，很多人就是想不通，為什麼不把它變成大眾產品，量上去，價格不就下來了嗎？實際上這種藥的量是上不去的，因為適合這種療法的癌症患者很少。CAR-T還不是最貴的藥，像治療脂蛋白脂肪酶缺乏症（LPLD）的藥物Glybera，一年就要上百萬美元，而這種病又非常罕見，全中國可能都不到千例。為此，就需要一個製藥公司專門去研製和調配相應的藥物，成本當然不可能下來。

可見，世界上確實有不少只有小眾需求卻值得做的市場，但是對待它們的策略不能像做大眾市場那麼去做。

平衡大眾需求與小眾需求

讓我們來嘗試逆向思考大眾市場和小眾市場的問題。小眾市場的需求是存在的，但是要滿足小眾市場的需求成本是比較高的。從有效利用社會資源的角度來說，服務的需求方如果能夠稍微調整一點自己的需求，放棄一點個性化的要求，自己的小眾需求就變成了大眾需求，滿足需求的成本就低很多。比如大家去買車，如果你對顏色沒有特別要求，價格就會便宜不少，如果一定要某一種特定的漆，可能就要增加上萬元。很多人會問代理商，那桶漆也就是幾百元，為什麼要加上萬元？一方面是因為那些少量的產品攤平下來的人工費和管理費很高，而且什麼時候能夠賣出去完全沒有把握，要墊付的資金多；另一方面也是廠商鼓勵大家去買大眾化產品，這樣可以讓它們的生產、製造和銷售更簡單。

作為提供服務和銷售的一方，只要是善於經營、善於獲取利潤的，都懂得不要給用戶太多選擇的道理。這一方面是因為當用戶挑到眼花後，他看到的只是每個選項的缺點，而不是優點，本來能達成的交易反而達不成了；另一方面，那些看似為顧客著想的選項會讓自己的成本爆漲，吞掉所有利潤。

在幾年前叫車服務市場還是群雄逐鹿的時代，一些很早進入這個市場的企業反而最先出局。這些企業都有一個共同特點，就是覺得該讓乘客選擇司機，甚至給乘客選擇行車路線的權利。雖然少數乘客為這個選項叫好，但其實絕大部分人根本不在乎，他們只關心價格是否便宜，以及司機是否來得快。這些給了選項的企業當然營運成本就高，被後面營運成本更低的企業擠出市場也就很正常了。

很多時候，大眾並不清楚自己想要什麼。當他們不知道有選項時，就不會提出過多小眾的要求，而願意接受ＣＰ值還不錯、自己基本需求也能得到滿足的產品和服務。這也就是蘋果公司每次推出的產品型號都很單調的原因，它就是不給消費者太多選擇，刻意把一些小眾需求合併成大眾需求。

當然，總不可能所有的人需求都是一致的，一些小眾的需求總需要被滿足。於是任何一個成熟的產業，都會最終找到平衡大眾需求和小眾需求的方案，讓小眾需求在付出溢價的同時，不至於價格讓他們完全承受不了。全世界主要工業化國家的企業級軟體市場便是如此，它們都是透過基礎軟體和應用模組來平衡控制成本和需求多樣性之間的關係的。

世界上每一家企業所需要的軟體和資訊科技服務其實是有差異的，這不僅和它們的業務有關，而且和它們做事情的方法，或者說企業文化有關。企業文化決定了做事情的流程，然後就需要有相應的管理工具來滿足那些流程。一家軟體公司顯然不可能為了銷售軟體強制改變企業文化。對此，全世界的軟體產業基本上分為兩類。第一類是做基礎軟體的公司，包括甲骨文、微軟和IBM等。它們提供底層的資料庫服務和基本功能服務。這些企業顯然是服務於大眾市場的。第二類是在第一類基礎之上實現特定功能的軟體公司。比如一家製造業的工廠需要ERP（企業資源規劃）服務，這類公司就會提供相應軟體。但是由於各個工廠的需求不同，不可能用一個軟體滿足所有需求。那麼這時該怎麼辦呢？軟體行業的做法是，提供一些比較通用的模組，讓企業自己挑選搭配。這就如同大家去宜家買家具，買了一堆半成品的商品回來，再透過簡單的搭配滿足自己的需求。類似地，提供人力管理軟體、財務管理軟體的企業，都是這麼做的。

幾年前我參加國內軟體行業的一個論壇，國內幾家軟體巨頭企業的管理者都在抱怨行業的利潤率低，客戶的要求千奇百怪，每一單生意都需要客製化，等等。我對他們說，這既可以理解為國內企業級的軟體市場還沒有培育出來，也可以說是客戶被這些軟體企業慣出的毛病。因為很多軟體公司不肯花功夫把工程品質做上去，試圖透過取悅客戶獲得合約，於是客戶就不斷提出個性化的要求，搞得軟體公司疲於奔命。由於國內軟體行業的利潤極低，全中國上市的軟體公司市值加起來還抵不上美國一家中型軟體公司，比如 Salesforce 或者 Adobe。這就是把明明可以做出大眾市場的生意，卻按照小眾市場做的結果。

當然，大部分人不會創業，不會成為企業家，也不必擔心大眾市場和小眾市場的關係，但是，大家如果仔細想想，我們每一個人也要被周圍人認可，同時也要接受市場和其他人為我們提供的服務，因此就有必要處理好大眾和小眾的關係。

舉一個例子，假如有個人在公司中總是提出很特別的要求，大家就會覺得這個人不好相處，這其實就是因為大家為他服務或者和他打交道不得不提供個性化的服務，而這種交往成本其實是極高的，於是很多人就懶得和他打交道了。相反地，如果一個人很隨和，從本質上講，就是說他的需求和大家的基本需求、他的習慣和大多數人的習慣，都是一致的，大家不需要刻意做什麼就能和他相處。你對待他人時，如果對方需要很多特殊的關照來維持你們之間的關係，你就需要考慮這樣的人是否可以深交了，因為你沒有精力特別關照某一個朋友。同時，你其實對自己所特殊關照的人有更多的期望，就如同企業為客戶提供客製化服務後希望獲得更高的利潤一樣。理解了大眾和小眾的關係，我們就能更好地安排自己的時間、精力和資源。

當然，我們身處的世界是一個很複雜的世界，市場不能簡單地以大眾和小眾來區分，但是在設定目標之前，弄清楚大眾與小眾的關係，得到我們該得到的，不奢望不屬於我們的，總能讓我們少走彎路、少犯錯誤。

關鍵路徑和替代方案

和大眾需求與小眾需求相關的另一組重要關係，就是關鍵路徑和替代方案的關係。關鍵路徑這個概念來自圖論。它的本義是指，在一張連通的圖上（比如一張地圖上），即便兩個點之間有很多條通路，如果某一段道路是所有路線都繞不過去的，那麼這段道路就是關鍵路徑。相反地，如果某一段道路有可替代的道路，那麼它就不是關鍵路徑，而那條替代它的道路就是替代路徑。替代路徑在商業上也被稱為替代方案。我們不妨用一個具體的例子，來看看關鍵路徑和替代方案的差異。

掌握關鍵路徑就成功了一半

我在《浪潮之巔》一書中講了安迪－比爾定律。安迪是二十世紀九〇年代英特爾的執行長安迪．葛洛夫，比爾是當時微軟的執行長比爾．蓋茲。他們所在的公司，一個提供了個人電腦時代幾乎所有的處理器，另一個則控制著當時的作業系統。安迪－比爾定律說的是，每當處理器性能提升後，作業系統和其他軟體就會吃掉處理器性能的提升，讓你不得不去買新的電腦，於是整個個人電腦產業就這樣被推動著不停地往前發展。當然大家會想，我能不能不去更新電腦，這樣不就省錢了嗎？答案是不能，因為沒有新的作業系統，新的軟體就用不了，而沒有新的處理器，新的作業系統運行的速度會非常慢，甚至運行不了。

在整個個人電腦時代，處理器和作業系統是兩個繞不過去的關鍵路徑，因此這個時代也被稱為 WinTel 時代，即 Windows 作業系統加上英特爾處理器的時代。在整個個人電腦時代，只有這兩家公司長期賺大錢，其他成千上萬的企業可能一度業績還不錯，但那只是暫時的，大部分企業早已消失了。

當然，處理器加作業系統的價格只占個人電腦的一小部分，大部分是其他零件（比如記憶體和硬碟），以及設計、生產和物流的成本等。那麼為什麼其他企業無法形成這種優勢呢？事實上，當時世界上生產記憶體的公司只有三四家，生產硬碟的主要企業也只有三家，但它們畢竟都有可替代的方案，因此它們定義不了這個產業的技術規範。

今天全世界手機市場的格局基本穩定了。排除自成一體的蘋果手機市場，在整個安卓手機市場上，占主導地位的只有提供安卓作業系統的Google公司，以及設計處理器的安謀公司。它們處在關鍵路徑上，剩下的企業都有可替代方案，因此如果扣除蘋果手機獲得的利潤，全世界手機市場的利潤率幾乎為零，有些時候還是虧錢的，因為只要某個環境有利潤，上下游廠商就會找到替代方案，讓那家有利潤的企業讓利。

既然處於關鍵路徑上的企業如此吃香，就自然有人會想著取代它們，這種努力從英特爾和微軟時代就已經有人在考慮了。但結果是，除非整個產業消失了，否則這種努力就是徒勞的，因為取代關鍵路徑等於推翻整個產業。

幾年前，很多人，包括一些企業家和管理階層問我，我們能否開發一款新的作業系統取代安卓。我的回答是，這件事從技術上是可行的，但從商業上是不可能的，也是沒必要的，因為推翻安卓就相當於毀掉整個手機和手機互聯網產業，然後再重新搭建。今天全世界有六百六十五萬個應用程式在安卓作業系統上運行，上百萬名工程師和軟體開發者在這個生態環境中生存。哪怕你能夠開發出一款更好的手機作業系統取代安卓，也很難說服幾百萬從業者跟著你，更難說服幾十億用戶放棄已有的使用習慣。此外，安卓作業系統已經和處理器以及主要手機廠商深度結合了，處理器和手機的最佳化都會考慮安卓的特點，而安卓的升級也會基於它們未來的發展計畫，一個新的競爭者想要擠進去，其實比個人電腦時代要難得多。世界上有很多事情可以做，沒必要和自己過不去，非要做一件成功率極低的事情。

怎樣成為關鍵路徑上的企業

其實，世界上處於關鍵路徑的企業有很多，不只有微軟、英特爾、Google 和安謀這幾家。比如，全球電子支付系統全球銀行金融電信協會（SWIFT），在美國為大學申請者提供標準化考試的美國大學理事會（College Board），以及申請美國大學時使用的門戶網站通用申請（Common Application）都處在關鍵路徑上。

很多人會把關鍵路徑和壟斷相提並論，它們之間雖然有很強的關聯性，但是並不能畫上等號。當一家企業處於關鍵路徑，它通常會希望獲得壟斷性利潤和市場地位，但是也可能為了維持自己的主導地位而放棄壟斷利潤，比如安卓。反過來，壟斷不一定需要處於關鍵路徑，比如一個對併購沒有監管的市場，完全可以透過併購和商業默契形成壟斷，十九世紀末的標準石油公司便是如此。壟斷通常不能持久，這不僅是因為當今各國政府都在限制壟斷，而且一旦壟斷的一方想獲得超級利潤，而它又不是靠獲得關鍵路徑發展起來的，市場的有效性就會讓新的企業進入市場。但是獲得了關鍵路徑主導權的企業則不同，整個產業都是它的同盟軍，只要它不損害上下游的利益，上下游企業就樂見這樣的企業存在。這一點，大家從做應用程式的廠商對安卓的態度就能看出來。

那麼為什麼會有關鍵路徑的存在呢？其實這是大眾市場不斷標準化和模組化的結果。為了理解這一點，我們先來看一個相反的情況。如果不存在大眾市場，每一個市場都是小眾市場，那麼對於所有的產品和服務企業都可以從頭做到尾，當然也就沒有什麼關鍵路徑可言。早期的電腦產業就是這樣的。但是，這樣的經濟形式利用自然資源和社會資源的效率一定是最低的。於是，相似的小眾需求就合併成為大眾需求，既然是滿足大眾需求，就免不了分工，有了分工，為了大家更好地相互配合，就需要把各種產品和服務做成模組化的標準件。

世界上最早採用模組化標準件製作工業品的是十九世紀美國發明家惠特尼，他也是軋棉機的發明者。在惠特尼之前，所有製作工業品的企業都自己製作零件，這樣效率當然很低。於是惠特尼就透過採用標準件的方式，讓不同的工業產品可以共用零件的設計和製造，這樣造出來的工業品還便於維修。於是標準件成為第二次工業革命的特徵之一，而且為了滿足特定功能的標準件越做越大，就形成了通用模組。比如航空發動機，就可以被視為一種超大型的標準模組。有了標準模組之後，有的模組比較簡單，容易製作，它們就會存在很多的替代方案；有些則非常複雜，甚至只有一兩家企業能做好，它們就成為關鍵路徑。

怎樣才能培養出關鍵路徑上的企業呢？首先，需要存在一個開放的、模組化的大眾市場。如果一個市場上大家都各自為戰，所有的路徑都是可替代的，就不會有關鍵路徑。其次，這個市場需要充分競爭。因為處於關鍵路徑上的企業都是在競爭中誕生的。如果競爭不充分，市場就會被分割成碎片，就難以產生贏者通吃的結果，自然也就不會有關鍵路徑的出現。如果你注意一下那些處於關鍵路徑上的企業，美國企業居多，這是因為美國的市場是開放而且充分競爭的。那些非美國的關鍵路徑上的企業，也都是到美國市場上參與競爭的。有些人覺得把市場保護起來，就能在保護圈內形成主導某個環境的企業，其實這是違背市場規律的做法。這是一個值得深入討論的問題，因為篇幅的限制，我們就不展開討論了。

讓自己成為關鍵路徑

不僅企業有關鍵路徑和替代方案之分，人也是如此。我們常聽到「備胎」一詞，它其實講的就是替代方案。在一個企業中，絕大部分職位上的人都能找到替代方案，因此絕大部分人能夠拿到的薪水只是全行業的平均值。很多人指望找到一份既輕鬆收入又高的工作，這其實是一種妄念。假如真存在這樣的工作，那麼大家一定會趨之若鶩，而當企業發現有了很多替代方案後，就不再需要提供薪酬了，或者會對這個職位提出更高的要求，結果就是既輕鬆又賺錢多的職位都消失了。很多人讀完大學才發現，自己還沒有技職畢業、在工地上開挖掘機的人賺得多，於是心中很是不平。這裡面的道理其實很簡單，開挖掘機的人對一個工地來說是關鍵路徑，沒有他工地就要停工，而掌握這項技能的人並不多。但是今天普通學校畢業但沒有一技之長的可是大有人在，他們每一個職位的後面都有無數替代方案存在。

很多人到了三十五歲會陷入中年危機，主要也是因為他們發現能替代自己的人太多了，生怕被年輕人替代。隨著全社會自動化程度的不斷提高，今天的工作變得越來越簡單，能勝任的人也越來越多，過去要靠十年八年經驗才能做好的工作，今天有個三五年的經驗就足以勝任了。因此，年輕人挑戰中年人是一個不可逆轉的大趨勢。在這個大趨勢中，唯一能夠讓自己安身立命的，就是設法讓自己守住一個依賴經驗的關鍵路徑。很多年輕人工作幾年就想轉管理職，其實那些趨之若鶩的管理職都有可替代的人選，反而那些需要大量經驗的技術專家是不可替代的。凡是大家擠破頭都想去做的事情，就不再值得做了，因為即便是好事，也未必輪得到自己。就算輪到了自己，因為可替代性也會讓自己的飯碗朝不保夕。

一個人如果能夠透過逐漸提升自己的能力占據一個關鍵路徑，便不再會有丟掉飯碗的危機感。不過他能不能成大事還不一定，這要看他有沒有大智慧了，這是我們下面要討論的問題。

做大事和做小事的心態

大智慧這個概念非常抽象，我還是用圖論中的兩個概念：最短路徑和最大頻寬來說明一下。

我們先來看下一頁的圖。

在A和B兩個城市之間有三條路徑：中間的最短，就是所謂的最短路徑；上方的最寬，就是所謂的最大頻寬路徑；下方的既不短，也不寬，顯然，下方的路徑我們就可以首先排除。接下來上方的和中間的路徑該選擇哪一條呢？我們假設兩者的路面同樣平整。

對於這個問題，得看是什麼人來選。如果是一個步行的或騎車的，他選擇中間一條最短的道路就好了，但如果是一隊由五百輛大卡車組成的車隊，他們最好選擇上面那條頻寬最大的道路，因為中間那條小路擠不下那麼多車，大家都快不了。

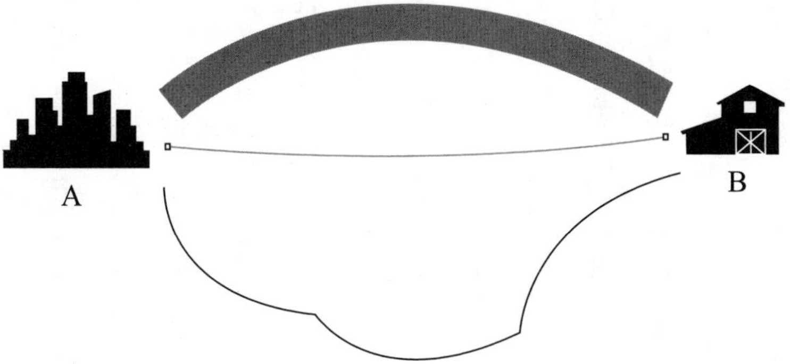

做大事要找到最大頻寬

這類問題在工作中我們經常遇到。比如大公司在採購時，未必每一次採購的價格都比精明的小公司低，這倒不是因為大公司負責採購的員工吃回扣了，而是因為它們只能用那些供貨量和發貨時間都有保障的供應商；而小公司反正採購量小，哪家便宜找哪家，即便供貨時間拖了兩天，看在省錢的分上，也就不在乎了。這說明做大事和做小事其實心態會很不同。如果一個人總是抱持做小事的心態，尋貨時眼裡只有價格，那麼可能就做不成大事。

十多年前有一本書特別流行，就是羅伯特·清崎的《富爸爸，窮爸爸》。這本書中列舉了很多「窮人思維」的例子。在窮人思維中，一個大問題是因為覺得自己沒有錢，所以眼前每一點省錢的機會都不願意放過。這樣時間一長，眼光就被局限在眼前那一點點利益上了。很多企業在成長初期，節省每一分錢是應該的，而且因為它們規模小，只要花功夫，找到便宜貨的可能性總是有的。比如江浙滬一帶的小企業，在初期都有這個特點。但是當這些企業成長起來後，如果管理層還是抱著這樣的想法做事情，那就可能永遠停留在小公司的規模上，發展不起來。能不能找到一條頻寬更寬的路，而不僅僅是最短的路，是它們能不能做大事的標誌。

當然有人會想，我的企業大了，議價能力強了，不是能夠讓那些大供應商降價嗎？事實上很多時候，你買得多了，價格反而上漲了，因為你改變了供求關係。二十一世紀初，中國處於高速發展階段，企業家普遍發現一個現象：中國人在世界上買什麼什麼漲價，賣什麼什麼就降價。比如中國大量購買鐵礦、石油和煤炭，這些大宗商品的價格就被炒起來了。這種現象當年在日本經濟騰飛時也發生過。這時，企業家的想法不能再是透過談判或者殺價想辦法讓對方降價，而是透過對沖和保險等方式，讓自己以穩定的價格獲得長期的供應。做不到這一點，說明思維還停留在做小生意上。今天，如果你看看世界各大航空公司購買燃油的方法就會發現，它們總是要花一點成本鎖定油價，這樣在油價低的時候少賺點錢，保證在油價高的時候不至於買不起油。

學會找到共同發展的大路

我接觸過很多在不同階段成功的企業家，有些人很擅長把一件很難的事情做成，但是卻難以把事業做大；有些人並不善於起步，但是只要別人搭建起一個平台，他們就能把它做大做強。據我的觀察，那些難以把事業做大的人喜歡親力親為，很善於精打細算，會不厭其煩地過問每一個細節，但是他們不習慣於放權。

我曾經被請去為一家企業把脈，那家企業盈利不錯，但是卻遇到了發展瓶頸，年銷售額在幾億元的規模上徘徊了好幾年。我了解了它的管理流程後發現，它的主要問題就在於創辦人沒有做大企業的思維。比如，當時那家企業已經是年銷售額好幾億的中型企業了，但十萬元以上的支出還要兼任執行長的創辦人批准，他們認為只有這樣才能夠保證每一筆錢都沒有被亂花。他的公司每年要他批准的支出好幾百筆，幾乎每天都有好幾筆等著他批准，我和那位創辦人說，你怎麼可能有時間了解每一筆支出的細節。他和我說，一百萬元以下的支出，到他那裡只是走個形式。我說，這就更糟糕了，你沒時間了解細節，還替下面的人承擔了責任，這會讓下屬懶政；更關鍵的是，你成為他們展開業務的瓶頸，如果因為你導致付款不及時，合作方將來的合作意願無形中就會下降。這位創辦人選擇的其實就是一條很短但是很窄的道路。他自己覺得找到了一條近路，但是這條路窄得只能他一個人走，大家無法和他一起走，事業自然也就做不大。

後來這位創辦人聘請了一位執行長，同時把一百萬元以下的財務權放給了總經理。雖然總經理一定有亂花錢的時候，但是作為一家已經有規模的公司，走一條稍微遠一點卻很寬的路，比走一條只能一個人通行的路更重要。放權之後，這位創辦人把精力放在控制公司各部門的利潤率上，而不是看每一筆錢是否花得值得。此後，該公司的營運效率開始有所提高，兩年後營業額逐漸攀升，至今成長已經不只十倍了。

在職場上，很多人包括創辦人其實都做不到能力隨著事業同步成長，他們習慣了走只能一個人通行的小路，無法接受和眾多人一同走一條遠一點的寬闊大路，最終，他們自己成為事業發展的瓶頸。我過去在提拔業務骨幹擔任初級管理者時，對每一個人都會強調一件事，就是要盡可能避免看下屬做事情不順眼，自己捲起袖子親自上。我常和他們說，既然我提拔了你而不是其他同事，就說明你比同組的同事更善於找到別人找不到的近路，這是你的優點。但是那些近路不是大路，不可能全組每個人都走，擔任經理後，要善於找到大家都能走的大路，這樣大家才能一同前進。

不過說實話，有些人在經過這樣的培養後，能夠從一個單打獨鬥的技術專家成為帶領大家一同進步的管理者，但是有相當一部分人的想法還是做不到隨職級、年齡一同提升，很快他們就會遇到職業發展的天花板。

那麼為什麼有些人的想法會隨著成長而不斷提升，有些人則停留在一個水準不再提高，以至影響了進一步的發展呢？很多人覺得是因為有的人不斷學習和進步，有的人成年以後就不願意再學習了，只要讓後者不斷學習，這個問題就能解決。其實，有些人成年以後就中斷了學習是有原因的，即使他們後來參加了各種再教育，包括知名大學的ＭＢＡ班，很多習慣還是改不過來。比如我在為各個層級的政府工作人員和管理幹部講課時發現，如果是為部級幹部講課，這課就很容易講，因為他們都會認真聽講，積極參與課堂活動，但如果是為處級幹部講課，效果就會差很多。比如，他們很多人一直改不掉看手機的習慣，你問他為什麼要看手機，他說怕耽誤工作。這樣的藉口很難讓人信服，因為他們再忙也忙不過那些部長。事實上，眼睛總盯著手機這件事反映出這兩類人之間巨大的差異。那些只能承擔處長職務的人，在專注於做好一件事上、在求知欲方面、在對他人的尊重方面，要比同齡的部級幹部差得多。

後來我和一些領導力培訓的專家聊起這件事，他們說，那些年齡很大辦事能力卻很有限，以及長期努力卻難以得到提拔的人，在年輕時人生算法就沒有設計好，以後做事一定是事倍功半，再怎麼努力都難以突破天花板。關於人生算法的話題，我們下一節再詳細分析。

人生算法能夠改變嗎

「人生算法」在今天是一個流行語，它應該是由美國的一些社會學家和管理學家發明出來的，但是很多中國人也採用這個說法，包括在得到開人生算法課的喻穎正（老喻）。

什麼是人生算法呢？我們先說說電腦的演算法。電腦要做一件事，就需要按照某一種方法，遵循步驟一步一步地來進行。相同的電腦，做同一件事，有些效率很高，有些則非常慢，這不是硬體本身的差異，而是所採用的演算法不同。

人也是如此。人天生不會做事情，後來學會了做事情的方法，但是不同的人學的方法不同，於是我們就能看到一個現象：生下來沒有太大差異的人，後來做同一件事情會採用不同的方法，得到的結果也是不同的。這就是人生算法對人的支配作用。

潛意識裡的行為模式

那麼人生算法是如何形成的呢？美國發育生物學家布魯斯·立普頓認為，一個人的成敗和他的生物學特徵，也就是長相、身高、智力等，沒有那麼大的關係，反而是和觀念、信仰以及身心健康等非生物特徵的關係很大。

立普頓在研究中發現，很多人一生最基本的行事方式其實在很小的時候就形成了。立普頓把這種個人的基本行為模式比喻為「人生算法」。他認為，人的一生都會按照自己的人生算法運行，從而形成人生軌跡，而這個演算法的基本框架在每個人很小的時候就大致形成了。

生活中我們會發現，在學校時，有些人各方面的資質和成績都差不多，但進入社會之後，發展情況卻天差地別，而這種差別的形成往往與不同的生活習慣和做事習慣有關。但這樣一來我們就要問，為什麼資質相近的人會形成如此不同的習慣呢？立普頓所提出的人生算法理論，就可以用來解釋這個現象。

人生算法對人的支配作用通常是在潛意識中完成的，而人生活中的大部分行為並不受理性意識的作用，而恰恰受到潛意識的支配。比如我們常聽人說，「這個道理我也懂，但我就是做不到」。前半句話是反映他的理性意識沒有問題，後半句話則說明，他的行為其實並不受他的理性意識支配。人們每時每刻要處理非常多的資訊，在成長的過程中，大腦會逐漸形成一套類似於電腦自動處理系統的行為模式。這種行為模式的特徵就是讓我們不假思索地行動，通常這樣的行動可以為我們帶來想要的結果，但也會在很大程度上影響我們有意識的行動，這就是平時所說的「行為傾向」。

比如早上起床，有的人鬧鐘響了就醒了，很自然就起來了，而有的人則非要賴二十分鐘床才起得來。再比如有的人遇到問題，潛意識裡就是想逃避，而有的人遇到難題就興奮。這就是潛意識控制的不同的行為傾向，而不同的行為會帶來不同的結果，人生的軌跡也就隨之變化了。

接下來就引出兩個問題。第一個問題，這些潛意識中的行為模式是如何形成，以及什麼時候形成的呢？

按照立普頓的說法，大約就是在七歲之前。人在出生之後的幾年，大腦就像一個沒有裝程式的電腦，很多事情都是做不了的。一個人接受教育，其實就是不斷地往腦子裡安裝各式各樣的程式，尤其是七歲之前接受的教育和引導，就像是在為這台電腦安裝基本的作業系統，裝好了一個個程式，電腦就可以工作了。立普頓的這個觀點有點像所謂的「三歲看小，七歲看老」。

對於立普頓的觀點，有一點我們先要提醒大家注意，在這個領域的研究不會有唯一正確的答案。在學界有一些人反對他的觀點，反對者主要有兩種人，一種人是基因決定論者，他們認為人類生物學的基因在很大程度上決定了一切。今天的研究表明，基因確實會影響人的發展，但是不同的人在基因上的差異其實並不是很大。另外，來自同一家庭的孩子，甚至雙胞胎，日後的表現也有巨大的差異，因此基因至少不是唯一決定的因素。另一種人則走到另一個極端，他們認為人在任何時間都是可教育的。這些人也分為兩種，一種認為用自己的觀點可以左右他人的看法，另一種則是完全相信理性可以解決所有問題。不管怎麼樣，立普頓的觀點至少是被學術界認可的主要觀點之一，而且他有大量的實驗結果支持自己的觀點。

立普頓經過觀察和實驗發現，孩子在七歲之前的成長階段，心智發育並沒有成熟，他學習的方式主要是單向的觀察，而不是像大人一樣互相交流。孩子其實並不清楚在這種觀察中往腦子裡裝了什麼程式，但是這些程式輸入進去後就會逐漸發揮作用。

比如，一個孩子如果小時候經常看到父親酗酒，然後打自己的母親，就會在內心產生一種不安全感，這種不安全感會伴隨他很久。再比如，如果他經常看到父母愁眉苦臉，被生活壓得喘不過氣來，總是說這件事辦不到、那件事做不成，就會形成一種對生活的觀念：做事情很難。後一個觀察結果和羅伯特·清崎的觀察結果是一致的。羅伯特·清崎注意到，所謂的富爸爸經常在不經意間讓孩子感受到，什麼困難都能解決，而窮爸爸則透過「我可付不起」這樣的話，讓孩子覺得窮人就要不斷地放棄自己的想法。

算法如何改變？

了解了第一個問題的答案，大家自然會有第二個問題：如果一個人的人生算法在七歲之前就已經形成了，那在此之後這個「算法」還有可能改變嗎？立普頓講，它是可以改變的，但是有一定難度。具體來說有兩種方法可以改變。

第一種方法是求助於心理醫生，透過包括催眠在內的各種心理疏導方式慢慢調整。考慮到絕大部分人不喜歡看心理醫生，因此對大部分人來說，更有效的其實是第二種方法，簡單來說就是透過練習形成新的習慣。打個比方，假如你一開始在畫布上沒有把畫畫好，想要修改那幅畫，那麼只能一遍又一遍地用新的油彩覆蓋舊的。

立普頓認為，「一萬小時定律」雖然是透過統計手段得出的，其實在生理學上也能得到支持。練習的一個作用就是讓某種行為從有意識的變成潛意識的。比如我們經常說，學騎單車，學會了就忘不掉了；開車也是這樣，最開始學的時候是腦子想要怎麼開，後來更多地其實是透過肌肉記憶開車，身體會本能地做出正確的反應。類似地，你打籃球打得熟了，投籃的時候不會進行一大堆有意識的計算，要用多大力氣，要以什麼角度出手，是靠所謂手感來控制球。這就是不斷重複練習形成的結果。不僅身體技能是這樣，腦力技能也是這樣。比如，東亞孩子的基礎數學通常比較好，那是因為他們經過大量練習形成了解決初等數學問題的感覺。

換句話講，一個人僅僅在理性上懂得某個道理是遠遠不夠的，還必須將它付諸行動，當行動的次數足夠多時便形成了潛意識的習慣，就等於把過去的算法覆蓋了。比如，一個愛睡懶覺的人到軍隊裡服役了兩年，睡懶覺的毛病通常就改掉了，這相當於他們接受了一種類似一萬小時的訓練。美國著名的衛斯理學院有一個傳統：從懶貓到十公里運動員。參加這項訓練的學生需要每天一大早起來跑步，結果四年下來，過去再懶、體育再差的學生，也成了生活非常自律、身體非常健康的人。

不過現實的情況是，絕大部分人一開始就沒有設定好自己的人生算法，他們甚至不知道自己被充斥著漏洞的算法控制，因此他們雖然努力，卻沒有什麼結果，而且不知道自己的問題在哪裡，自然也不會知道要刻意改變人生算法。

所幸，今天有很多學者在用科學的方法研究人的思想、行為和習慣，發現人們所存在的問題。我們多讀一些這方面的書，學習一些這方面的內容，就不至於有了問題還不自知，最後自己付出了很多努力，卻得不到什麼效果。

本章小結

創業是對一個人各方面能力的一次全面檢驗，一個人的所有問題都會在這個過程中被暴露出來。比如，我們所談到的分不清科學和技術、工程和產品之間區別的問題。當然，大多數人一輩子也不會創業，但是他們的問題會逐漸地，而不是一下子被暴露出來。比如，很多人做事搞錯了方向而不自知；很多人很努力，卻不知道自己的人生算法一開始就設定錯了，他們每天按照自己的習慣做事情，從來沒有覺得它是問題；還有一些人把自己束縛在過去的成功中，卻不知道過去的成功經驗其實並不能讓他們在事業上更上一層樓。總之，人要活得明明白白，明白自己的目標是什麼，明白自己的人生算法是否支持著自己實現目標，然後努力才有意義。

06

理性判斷

分清幻象與現實

人類的活動是以對世界的感知為基礎的。當一個人感覺到冷時，他會加一件衣服，感覺到熱時，他會脫一件衣服，但是如果感覺錯了，他接下來的行為也會發生錯誤。

人總是希望自己活得明白，這件事其實並不容易做到。這倒不完全是因為他們的認知能力不夠，而是因為他們感知不到真實的世界，久而久之會把幻象當作現實。在現實中，認清幻象和現實有時遠比我們所認為的要難得多。比如在二〇〇八年金融危機之前，伯納．馬多夫靠做假帳維持了一個巨大的龐氏騙局，欺騙了所有的投資人，而那些投資人要麼是投資銀行和基金公司，要麼是具有豐富金融知識的富豪。要不是馬多夫的兒子出來揭露他，那麼多行家都還活在幻象中呢！

不要把幻象當作現實

活得明白的第一步，是要弄清楚表象和現實。軸心時期中西方的大哲學家都意識到區分表象和現實的重要性。

《呂氏春秋》中記載了一則關於孔子和顏回的故事。

孔子帶著弟子周遊列國時，被困在陳國和蔡國之間，很多天都沒飯吃，只能靠喝一些野菜湯來充飢。終於有一天，顏回討來一些米，回來就煮飯。孔子在屋裡休息，看見飯快煮熟的時候，顏回用手伸到鍋裡抓飯吃。孔子心想，就連顏回在關鍵時刻也會先想到自己啊。不過他裝作不知情，過了一會兒，飯熟了，顏回請孔子吃飯。孔子就故意說：「剛剛我夢見了我父親，這鍋米飯還沒動過，我們先拿來供奉一下先人，然後再吃吧。」顏回答：「不行啊，這飯我已經動過了。剛才煮飯時有煤灰掉進了鍋裡，我把弄髒的飯抓了出來，但是丟掉糧食不吉利，我就自己吃了。」孔子感嘆道：「都說眼見為實，但眼見不一定為實。」

這個故事說明，弄清楚事實有時遠比我們想像的要難，特別是在考察人的時候。我們在一生中不知道錯怪過多少人，又不知道上過多少人的當，究其原因，就是把幻象當作了現實。

但是，即使我們能確認看到了現實，它可能也只是現實的一部分。當我們把它當作全部時，我們的認知就會完全偏離真相。

莊子在〈秋水〉篇中講了一個井底之蛙的故事。

故事說的是一隻青蛙住在一口井裡。一天來了一隻來自東海的巨鱉，青蛙對鱉說，你看我多快樂啊，可以在井邊跳來跳去，也可以在井裡的洞中休息，那些蝦米、螃蟹、蝌蚪哪個能比得上我？你幹嘛不常到井裡來看看呢？巨鱉於是想進到井裡，可井小得連牠的腳都放不進去。牠對青蛙說，你見過大海嗎？其廣闊何止千里！其深邃何止千仞！大禹治水之時十年中有九年洪水，也沒有使大海水量增加；商湯之時八年中有七年旱災，海水也沒有減少多少。住在東海才是大快樂！井裡的青蛙聽了驚訝極了，方才知道自己所居之地是何等的微不足道。

在這個故事中，井底之蛙看到的都是真相，只不過那些真相只是全部事實中很小的一部分。其實，對宇宙來說，我們每一個人都是井底之蛙，我們把自己能夠觀察到的宇宙當作宇宙的全部來了解。在歷史上，人們曾經以為天圓地方，大地是平的，後來雖然畢達哥拉斯等人認識到地球是球形的，但是人們卻以為地球就是宇宙的中心。即便哥白尼提出了日心說，也不過是把地球這個中心換成了太陽。直到最近的幾十年，我們才認識到我們能夠觀察到的物質只占了宇宙的五％，對於宇宙其餘的部分，我們幾乎一無所知。今天我們回過頭來看古人，他們真的就像井底之蛙一樣；後人看我們，也會有這樣的感覺。即便不是對於宇宙，就算對於地球上的各個國家，絕大部分人的了解也非常有限。比如，對以下三個問題，絕大部分人是不知道答案的：

- 世界上最受歡迎的遊客來自哪個國家？
- 世界上獲得最多菲爾茲獎[7]的是哪個國家？
- 中國最長壽的地區是哪裡？

這些答案說出來，大部分人可能會大吃一驚，因為和我們認為的都不一樣。在西方，和孔子、莊子一樣，柏拉圖也在思考關於幻象和現實的問題。他在《理想國》一書中，借蘇格拉底之口講了這樣一個故事。

在一個很長的洞穴裡，有一群人面壁而坐，他們的雙腿和脖子都被捆住，不能移動也不能轉頭。他們的背後是一條馬路，馬路上車水馬龍，喧囂熱鬧。馬路的另一邊是燃燒的大火，火光把馬路上的情景和這一排人的影子投到了岩石牆壁上。這些人能看到自己的影子，以及馬路上來往穿行的人、車和騾馬的影子，也能聽到各

7 全球數學領域的最高獎項之一。

種聲音，因此感覺非常真實。這就是他們理解的世界：牆上黑色的影子和嘈雜的聲音。如果問他們人長什麼樣，我想他們肯定會說，所有人都是黑色的，因為他們理解的人都是一些黑影。

後來，有一個人因為某種原因掙脫了束縛，沿著馬路走出了洞穴。他看到了「真實」的世界，見到了陽光，聽到了鳥語，聞到了花香，在湖水中看到了自己的樣子，他這才知道原來人不是黑色的。他趕快跑回去把這個情況告訴大家。當從光亮處再次進入黑暗的洞穴時，他什麼都看不清，只能大聲說出自己看到的一切。但是沒有人相信他，因為對洞穴裡的人來說，他們看到的影像就是最真實、最鮮活的，有聲音，有動感，這個從洞穴外回來的人說的東西反而像是幻象。

柏拉圖講的這個故事，比孔子和莊子的故事更複雜。首先，岩洞中的人看到的影子、聽到的聲音都真實地存在，但是它們依然是幻象。也就是說，幻象可以真實地存在。更有趣的是，由於大家都看到同樣的影子，聽到同樣的聲音，他們就達成了共識，這就是真實的世界，以至當有人告訴他們真相時，他們沒有像孔子，甚至沒有像那隻井底之蛙那樣意識到自己錯了，反而覺得講真話的人是瘋子。我經常說，如果你在馬路上發現所有的車輛都在逆向，那一定是你搞錯了，而不是對面的車搞錯了。但是在柏拉圖的這個故事中，還真是所有的車都搞錯了。

柏拉圖講的故事在歷史上其實多次發生，至今還以各種形式不斷重現。比如西班牙醫生塞爾維特，因為提出了血液循環論被視為異端，並被處以火刑。十多年前，專科醫生出身的投資人麥可．貝瑞，因為發現了美國次級房貸的問題，做空了美國房地產市場，結果被所有投資人譴責。最後他為投資人賺到了巨額的利潤，同時也失去了所有的朋友。這個故事後來被拍成了電影《大賣空》。可見，在現實生活中，人們經常對了解真相的人不是感激，而是不寬容。

為什麼人類總是難以分清幻象和現實呢？這裡面有客觀和主觀兩方面的原因。從客觀上來說，我們真的很難看清世界的全貌，更難了解他人真實的想法。為什麼我們要「行萬里路」呢？就是要盡可能多地了解外部的世界，多接觸不同的人。回到剛才第一個問題：「世界上最受歡迎的遊客來自哪個國家？」根據全世界數千名飯店經理的評選，在新冠肺炎疫情之前的幾年都是日本。很多人想不到是這個答案，因為他們在生活中沒有接觸過幾個日本人，對日本人不了解。但是世界這麼大，我們想要一點點了解其實很難。

從主觀上來說，我們的感官甚至我們的大腦都會欺騙我們。比如，你把左手放到涼水中，右手放到熱水中，然後兩隻手再同時放到同一盆溫水中，兩隻手的感覺就會是一個熱一個冷。再比如，我們的眼睛能夠看清的角度只有一度角左右，就是你伸直胳膊豎起大拇指時看到的大拇指的寬度。那麼為什麼我們覺得前方的景物都看清了呢？那是因為我們的大腦合成出了全景圖像，我們的大腦甚至把我們實際看到的世界倒影給翻正了過來。此外，我們的大腦也會欺騙我們。我們經常過於自信，傾向於按照自己的想法去想像一個真實的世界。比如很多申請美國大學的學生家長和我談起他們的孩子鎖定的目標大學，我發現他們無一例外把目標設定得過高，而且幾乎沒有超水準發揮進入他們理想學校的情況。

到二十世紀，物理學家發現了一個問題，即妨礙我們了解真實世界更加本質的障礙，就是我們所觀察的可能會先影響我們看世界的結果。比如在思維實驗「薛丁格的貓」中，貓的死活取決於我們是否看牠。在世界經濟活動中，這種現象真實存在。比如某個國家會測試一下銀行的健康情況，但是測試本身就讓很多銀行爆雷了，結果原本沒有出現的問題真的出現了。

走出認知的洞穴

怎樣分清幻象和真實世界呢？在早期的文明中，一些思想家乾脆認定所有看到的世界都是幻象，這就會把幻象和現實的問題混為一談。比如古代印度文明的宇宙觀就是如此。在古希臘，柏拉圖也提出了類似的觀點，就是把現實世界看成理念世界的一個影像。這種思想的確能逃避很多問題，甚至能解決很多問題，但它們不是從根本上解決問題的辦法。柏拉圖還提出透過教育，透過和別人討論，用理性驗證自己的判斷。這也能在一定程度上解決問題，畢竟如果在討論中有人提出了不同的看法，而其他人願意聽他把理由講出來，然後進行理性的思考，對於搞清楚真相就是有意義的。但是如果整個群體的認知都出現了偏差，也就是所謂的群盲現象，討論效果必然非常有限。比如，中國古代的士大夫對於政治討論了幾千年，也沒有討論出民主政體，因為所有士大夫的認知都是要有一位君主。

到了亞里斯多德的時代，他總結出邏輯學。邏輯是一個很好的篩檢程式，在討論時，凡是不符合邏輯的結論都可以被否定。不過，在邏輯上說得通的結論未必是對的。因為從錯誤的前提出發，能推導出任何符合邏輯的結論，當然絕大部分是錯誤的。我們在後面會講到陰謀論，陰謀論的一個特點就是它的結論貌似有邏輯。在科學革命過程中，伽利略、哈維和拉瓦節等人否定了過去很多科學結論的辦法，就是運用了邏輯學。

到了近代，人們提出了透過實驗證實和證偽的方式把更多的幻象識別出來，讓我們能夠了解世界的真實性。比如拉瓦節提出氧化說，否定過去的燃素說，就是透過測量燃燒後殘留物的品質證偽了燃素說的理論。再比如在進化學說被提出來的時候，達爾文也是透過古生物的化石證偽神創論的。

不過，世界上的很多事情我們是無法進行實驗的，需要有其他方式驗證真偽。到了二戰後，夏農提出了資訊理論，給出了一種區分幻象和現實的新思路。舉個例子，我們想要考察一家上市公司是否在財報上造假，只看它的財報是不夠的，如果能到一兩家具有代表性的門市去數數人頭，或者對經常路過門市的行人做一些調查，這些額外的資訊就能驗證其財報的真假。今天，一些對沖基金就是這樣做空公司的。當大部分投資人還生活在夢幻中時，一些積極主動的投資人已經從多個管道驗證了資訊的準確性。

我們個人想要避免被幻象欺騙，最重要的一點就是不要過於以自我為中心。很多幻象是我們自己創造出來的，我們越想越覺得有理。比如很多年輕人會上「渣男」或者「渣女」的當，其原因是他們虛構出一個美好的愛情，任憑什麼人勸都沒用。再比如，二〇二一年中青在線新聞網對一年後將要畢業的大學生做了一項調查，有相當多人期望自己入職月薪能達到五萬人民幣，甚至有超過三分之二的人認為自己十年後年薪能過百萬人民幣，這些人顯然生活在自己虛構的幻象中。

不管是幻象還是現實，都遠比我們想像的更難判斷，所以我們才要隨時有警惕之心。人通常有這樣一個特點，就是看別人時看得清清楚楚，輪到自己就犯糊塗。這是因為我們評價別人時，喜歡把他們放到真實的世界中去評判，而在評判自己時卻虛構出一個虛幻的世界。大家不妨觀察一下那些天天發布短影音的人，有幾個是生活在真實的世界中的。

那麼分清幻象和現實有什麼必要性呢？有些人可能會說，我如果一輩子生活在夢中，豈不是蠻好的。在這個世界上，任何夢都會醒的，而夢醒之後，經常面對的是做夢者所承受不了的痛苦。很多人指望炒垃圾股賺錢，他們覺得自己拿到了一個便宜貨，並且想像出自己所持有的垃圾股被越炒越高的場景，其結果可想而知。

今天還有很多人擔心電腦突然有了人一樣的智慧，然後反過來統治人類。這其實也是把幻象當成了現實。有人會問，我這樣多擔心一點、多提防一點有什麼不對？當人開始擔心機器有自主智慧時，就忽略了真正操控人工智慧背後的人。很多人已經被大公司的數據霸凌欺負得買什麼都有價格歧視，連出個門都困難的地步，卻還在擔心機器有了智慧怎麼辦的事情。這就如同過去的人擔心鬼神一樣，結果讓真正的騙子鑽了漏洞。當你總覺得對面有一群「小鬼」要提防，並且在用機關槍掃射他們時，結果身後一個人一槍打中了你。**生活在虛幻的世界裡，經常就會成為現實世界中的失敗者。**

菁英永遠是少數人

虛幻的世界存在於很多人的腦子裡，接下來我們就以當下教育產業為例來談談這個問題。二〇一五年，我根據在教育上的經驗和體會，按照我對好的教育的理解，寫成了《大學之路》一書。雖然我在書中反覆強調這不是升學指南，但是依然有很多家長把它當作升學指導書來讀。在這本書中，我特別強調了通識教育的重要性，指出了國內大學偏科的問題。於是，很多有條件甚至沒條件的家長，在讀了我的書之後，都希望自己的孩子能夠接受各種菁英教育，將來成為菁英。

看清真實的世界

這種願望當然是好的，經過努力也有實現的可能性，事實上我身邊不少朋友的孩子讀了這本書之後進入了知名大學，初步實現了目標。但是在現實的世界裡，大多數人可能成不了菁英，這不是因為他們不夠努力，而是因為菁英永遠是少數人，這是不得不承認的事實。**因此，對於一個社會，最重要的不是普及菁英教育，而是讓更多的人能夠透過接受教育過好這一生，這才是接受教育的目的**。於是我在《大學之路》第二版又加入了一些關於職業教育的內容，特別強調美國高等教育在普及的階段，各個州立大學發展的其實是職業教育。

不過這一次我的觀點並沒有得到太多回應，或許大家都覺得普及性的教育是為別人家的孩子準備的，而自己的孩子將來還是要成為菁英的。因此在大城市，家長普遍希望孩子能成為全才，讓孩子從小就參加了很多其實未必有用的素質訓練。這種做法其實就是先虛構了一個並不存在的世界，即人人能夠成為菁英。但是，當孩子走向社會時就會發現，不要說成為菁英了，就是找到一份理想的工作都不容易。他們如果在學校裡花了十幾年卻沒有學到在社會上立足的技能，就更尷尬了。

因此，在討論大多數人該接受何種教育之前，先要看清真實的世界。

二〇二〇年，中國教育界一直在討論一個話題，就是應該在國家層面對國中生進行比較早的分流，讓更多的年輕人在高中後就可以接受職業教育，而不是只有上大學這一條路。對於這種想法我不做評論，不過，相關人士提出這樣的想法一方面說明，社會安排不了那麼多普通高中的大學生就業，而同時中國又非常缺少高水準的技術工人。不得不說，這就是真實的世界。

不過，幾乎沒有家長和學生認可對現實世界進行這樣的描述，從社交媒體大家的抱怨中就能看出：大部分家長都覺得這是主管教育的官員在剝奪自己孩子的發展機會。他們虛構出一個世界，自認為只要中國社會不斷發展，就能解決高端職缺不足的情況。我總結了一下他們給出的理由，大致有以下三個。

第一，中國目前的人均GDP（國內生產毛額）是一萬多美元，美國是六萬多美元，中國至少還有五倍的發展空間。因此，將來高端職缺應該有很多。

第二，中國的產業在升級，既然是升級，就意味著勞動密集型的工作要減少，知識密集型的工作要增加。

第三，中國是貿易順差國，說明中國人在世界上有競爭力，因此將來會把一些高端職缺拿到中國，比如世界很多大型跨國企業在中國有分公司和研發中心，它們會僱用中國的研發人員，將來中國能夠成為全世界高階人才聚集地。

這三個理由都不是基於事實，而是基於想像。為什麼這麼說呢？我們不妨看看那些人均GDP真的達到六萬美元的國家的真實情況。

在任何經濟體中，需要大學畢業生才能勝任的高端職缺的數量，和人均GDP都不是線性成長的關係。假設中國的人均GDP一夜之間達到了美國的水準，產業結構也和美國差不多，即製造業比重下降，高端服務業比重上升，那麼會是什麼樣呢？我們看看今天的美國就可以了。根據二〇二〇年和二〇二一年美國勞工部公布的數據，在扣除了農業人口之後，美國勞動力的分布情況大致是這樣的：

- 技術行業、專業服務和管理職務從業人口占總勞動人口的三十七・三％；
- 製造業以及運輸業從業者占總勞動力人口的二〇・三％；
- 其他工業和低端服務從業人口占總勞動力人口的二十四・二％；
- 辦公室文職（包括銷售人員）占總勞動人口的二十四・二％。

因為上述統計有些重複，比如管理職務和所有職業都有重複性，因此總數加起來超過了一〇〇％。但即便經過這樣的放大，所謂需要大學畢業的職業和白領職業的職缺加起來也不到四成。

那麼美國有多少人讀大學呢？在年輕的一代中，即二十五至三十四歲的人中，美國具有大專以上學歷的人是四十六％。這樣看來，有相當多讀過大學的人其實是找不到白領工作的，甚至很多人兩年內找不到工作。即便是畢業後找到了白領工作，很多人也是十幾年還不清學貸。美國大學生人均欠貸額是三萬美元，不到人均GDP的一半。十幾年還不完，說明大學畢業後收入並不高，這就是美國的現狀。要知道美國的人均GDP超過六萬美元，也無法保證每一個人都能上大學，更不能保證有很多高端職缺。相比其他發達國家，美國由於政治正確的考量，幾乎所有大學都會對一些貧苦的學生（包括非洲裔、拉丁裔和父母沒有上過大學的）降低錄取要求。這些人通常難以獲得對於專業性要求較高的學位，而選擇走通識教育的道路，但在找工作時，用人單位需要的卻是實實在在的技能。因此雖然很多人接受了高等教育，卻對就業沒什麼幫助。如果中國重複美國的這種錯誤，其實對個人和國家都沒有什麼好處。

對比一下中國當前的情況，年輕的一代中二十七%有大專以上學歷，但是如果考慮到中國有大約四〇%的農業人口，而美國只有一%，那麼在非農業人口中，中美兩國年輕一代接受高等教育的比例其實差不多。也就是說，即便將來中國GDP大幅提升，對大學生的需求也不會有太大成長空間。因此，很多人想像的第一個理由站不住腳。

再看第二個理由，即產業升級會帶來更多的機會，其實也不成立。我在《智能時代》和《矽谷來信》中都反覆講到，產業升級帶來的工作機會要少於因它而失去的工作機會。比如，假如今天電子傳媒讓傳統的報業幾乎消失了，雖然創造了一些工程師的就業機會，但是它讓更多的媒體編輯失去了工作。很多人覺得將來社會智慧化了，機器可以自動創造財富，人類只需要做自己喜歡的事情就行了，因此，人沒有技能問題也不大。但現實情況卻是，機器創造的財富不會給予所有人，只會給予機器的主人。

第三個理由看似有道理，但其實沒有數據支撐。雖然中國在產品製造上有優勢，在商品進出口上有順差，但這個順差幾乎是由對美貿易順差產生的，對世界其他地方基本上是收支平衡的。但是在高端服務業，比如銀行、保險、法務和財務諮詢方面，中國對美國是貿易逆差，而且每年逆差有上千億美元。就算中國能夠把高端服務業的工作機會都搶到手，那些工作也需要專業人士來完成，相比僅僅接受了通識教育的人，接受專業教育的人更有競爭力。

當然，通識教育依然很重要，但它只對兩類人特別有幫助。第一類人是那些志向高遠，願意經過很長時間的努力成為各行各業菁英的人。很多人只看到這些人的成就，卻無法像他們一樣長期付出。如果是這樣，還不如一開始就老老實實學好一些技能。第二類人是暫時不需要為溫飽發愁的人，或者物質欲望極低的人，比如很多研究學問的人便是如此，這恐怕也不符合大部分人的情況。

相比中國人和美國人，德國人就要現實得多，很多德國人選擇不上大學。德國人上大學的（包括大專）比例只有二十八％。這看似比中國略高，但考慮到德國農業人口非常少，德國大學生在非農業人口中的比例其實遠遠低於中國。

對教育的誤解

德國人選擇不上大學，並非家裡負擔不起，而是上了沒有用。德國大學生的學費極低，因為國家承擔了大部分高等教育的費用。但是，即便德國的人均GDP已經達到了四萬美元，而且德國是歐洲第一強國，它也無法提供很多所謂的高薪白領工作職缺。因此，很多德國人覺得，與其花很多年時間讀一個普通大學的非熱門科系，等到畢業工作還沒有著落，還不如直接進入職業學校，然後在大公司獲得一份薪酬不錯的工作。德國人的分流是從國中畢業開始的，一部分人會在技術學校學習幾年，等到同齡人大學畢業時，他們已經是有著四五年工作經驗的技工了。當然，在中國人的傳統觀念裡，「萬般皆下品，唯有讀書高」，有人會覺得做技術工人低人一等，但是，當一個社會有大量的人主動選擇從事這一類工作，並且經濟收入不低時，這種歧視也就慢慢失去了基礎。

不僅德國如此，即便是美國，在發展的初期，也鼓勵年輕人以掌握技能為主。美國幾乎所有的州立大學都是靠一八六二年的《土地撥贈法案》（Morrill Land-

Grant Colleges Acts）建立的，也就是說各州政府拿出土地，建立幾乎不需要繳學費的大學，教授青年農業知識和農業機械知識。當時美國還是一個農業國，又趕上第二次工業革命，用工業化的成果改進農業是現實的需要。這些大學生畢業以後可不是坐辦公室，而是到工廠和農莊工作，當時甚至像哈佛大學這樣以教授古典拉丁文和希臘文為主的大學，也在學習德國向研究型大學轉型。只不過冷戰之後，美國覺得在世界上沒有了對手，技術人才又可以引進，年輕人才變得越來越不願意下功夫去掌握各種技能。

對於教育，特別是高等教育，很多人都有一個誤解，就是認為接受了良好的教育之後就能解決今後人生的一切問題，如果這個目標達不到，就覺得社會對自己不公平。我們常說，教育能夠改變命運，這個看法沒有錯，但那只是在統計意義上正確，具體到每一個人是否能夠如願，就要看他具體怎麼做了。二〇二二年秋天，我回到約翰·霍普金斯大學參加家長日活動，在家長委員會的會議上，當時文理學院的院長是這樣講述他對教育意義的理解的。他說，教育是基礎，猶如建築的支柱，但是你只有幾根柱子是沒有用的，還是要把房子搭起來。今天很多人覺得有了教育就有了一切，那其實只是一種幻覺。

從柱子的比喻出發，我們再說一下通識教育和技能教育的差異。通識教育相當於給大家很多根不算太高的柱子，在這些柱子的基礎上，你能搭出各種形狀且漂亮的宮殿，但是工作量非常大，消耗的時間也是非常長的。技能教育相當於給了你四根非常高的柱子，你可以較快地搭出一個四四方方的高樓，這個高樓很實用，但是未必好看。你如果想要把它改造成宮殿，難度是很大的。對沒有房子的人來說，第一步先是要有高高的公寓大樓住，而不是花很多時間修宮殿。但不管是哪一種，最後都要落實在建房子上，而不是矗立起幾根柱子。光有幾根柱子，既不能避風，也不能擋雨。

真相是否能拆穿謠言

我們常說今天是資訊時代，的確，今天我們都受益於資訊的廣泛傳播和使用。但是凡事有得必有失，資訊在讓大家受益的同時也帶來一個問題，即虛假資訊，包括謠言，會對我們產生嚴重的危害。它為我們帶來的損失經常大於有用資訊為我們帶來的收益。

美國巴爾的摩大學教授羅伯托．卡瓦佐斯的研究表明，謠言每年會對世界造成四百億美元左右的投資損失。這還只是通常的情況，在一些特定的情況下，謠言所造成的損失會大得多。卡瓦佐斯舉了一個例子，二〇一七年，媒體因為報導並不存在的川普通俄事件的謠言，讓投資人在一小時內損失了大約三千四百億美元。雖然後來證實這是謠言，實際損失有所減少，但是投資人依然有超過五百億美元的損失是永久性的，無法彌補。[8]

我們不得不承認，世界的真相充滿了謠言，這頗具諷刺意味，但卻是事實。更要命的是，雖然我們總是被告知，一切謠言都害怕真相，當人們了解真相之後，謠言便不攻自破，但事實並非如此，真相有時候鬥不過謠言。我們不妨來看一個例子。

世界上最著名的系統性製造謠言的人，恐怕當屬納粹德國時期的宣傳部長戈培爾博士了。二十世紀三〇年代，當收音機還是一個熱門新玩意的時候，戈培爾就已經注意到它在傳播資訊上的效率要比發傳單等傳統方式有效得多，於是他想到用收音機來傳播有利於納粹統治的各種謠言。但是很快戈培爾就遇到兩個難題。首先，收音機非常貴，通常價格是兩百至五百馬克，而當時德國工人的月平均薪資只有七十馬克，二戰時大家在填不飽肚子的情況下是不會買收音機的。其次，如果每個家庭都有了收音機，大家不但會聽到謠言，還可能聽到英美電台廣播的真相。不過，

8 資料來源：https://www.institutionalinvestor.com/article/b1j2ttw22xf7n6/Fake-News-Creates-Real-Losses

這兩件事都難不倒戈培爾，他搞了一個「人民的收音機」工程（Volksempfänger）。根據戈培爾的要求，這個收音機的設計者，科隆大學教授瓦爾特・克斯廷將通常需要六七個電子管的收音機簡化到只有三個電子管，也就是只能接收幾個中波頻道。為了進一步降低成本，克斯廷還把其他錦上添花的零件都拿掉了。總之，它是為了聽新聞的，而不是聽音樂的，這樣一來，收音機的售價終於控制在了七十馬克以內，而且它只能收聽幾個德國電台的廣播，根本收不到邊境上英美電台的廣播。一九三三年，這種廉價的收音機一出來，很快就賣了幾百萬台。到一九四一年德蘇戰爭爆發時，三分之二的德國家庭都有了這種收音機。

戈培爾的做法讓德國的老百姓從此聽到的都是德軍一路高奏凱歌。不了解那場戰爭的人可能會很奇怪，進入一九四三年之後，德軍在前線動輒十幾萬甚至幾十萬人被殲滅，後方居然沒有出現恐慌，也沒有出現反戰情緒，依然是一片歌舞昇平，這在很大程度上是這種廉價收音機傳播的謠言所致的。

不過人總是有好奇心的，你越不讓他做的事情，有時他越想做。一些聽膩了德國枯燥無味節目的無線電愛好者開始試著改裝這種廉價的收音機。他們改變了收音機接收的頻率，私加了接收能力更強的天線，這樣他們就可以聽到邊境上英美電台的廣播了。為了防止鄰居聽到動靜向蓋世太保報告，他們還發明了耳機版的改裝收音機。

透過改裝的收音機，一些德國人了解到戰爭的真相，但是少量的真相對人們的影響遠抵不上大量的納粹謠言。《第三帝國的興亡：納粹德國史》一書的作者，美國人威廉·夏伊勒當時是駐德國的記者。他在《柏林日記》中記述了這樣一件事：一名執行任務的德軍飛行員的母親接到通知，說她的兒子在前線陣亡了。但是幾天後，BBC（英國廣播公司）公布的德國戰俘名單裡卻有她的兒子。次日，有八個熟人好心告訴她這個消息，安慰這位母親，出乎意料的是，這位母親向員警告發了這些人收聽敵台，於是他們八個人全被捕了。

一九四五年，在紐倫堡審判時，納粹德國的軍需部長阿爾伯特·施佩爾講，這種收音機讓八千萬德國人失去了獨立思考的能力。

很多人在聽到這個故事後都譴責那位母親，但是那位母親在被謠言洗腦了好幾年後，已經無法判定什麼是真相，什麼是謠言了。在當時的德國和日本，像這位母親一樣分不清謠言和真相的大有人在。

那麼為什麼很多人容易相信謠言而不是真相呢？

首先，我們難以判定資訊來源的準確性。比如張三和李四告訴你兩個截然相反的結果，在沒有更多資訊之前，你是無法知道該相信誰的。對此，過去人們的做法是相信所謂主流媒體。但是進入新世紀後，大家對比主流媒體的資訊和社交媒體的內容，發現所謂的主流媒體其實也是預設觀點的。考慮到社交媒體的內容通常來自不同的人，大家覺得主流媒體或許準確一些。不過到二〇二〇年美國大選期間，大家又發現雖然社交媒體上的人可能會提供全面的資訊，但是社交媒體的平台卻有傾向性。比如二〇二一年國會山騷亂事件因涉嫌「煽動暴力」，Twitter（現更名為X）封掉了川普的帳號。這樣大家就有些無所適從了，雖然特斯拉的老闆馬斯克當時宣稱收購該公司後會將其變成公平的平台。

其次，人固有的偏見使得人們容易相信謠言。比如很多關於資本的陰謀論的謠言，雖然總有人不斷闢謠，但是依然有很多人深信不疑。這是因為很多人需要錢而又缺錢，他們痛恨有錢人，覺得自己之所以沒有錢，是因為少數金融寡頭控制著全世界的資本。再加上很多人容易產生看似符合邏輯的聯想，很多原本不可靠的事情在他們看來卻是邏輯鏈條非常清新。

一九三五年，美國發生了一件事。一名十六歲的非洲裔少年在紐約曼海姆區的一家雜貨店裡偷了一把十美分的小刀，被白人店員當場抓住。這名少年在搏鬥中咬傷了店員，於是商店老闆招來了員警。員警逮捕了少年，但是在記錄下他的個人資料後就將他釋放了。一位非洲裔婦女看到員警帶走了少年，大聲喊少年被打了。由於店員被咬傷，醫護人員乘坐救護車來為店員治療傷口，大家見了救護車似乎證實了那位婦女的說法。恰巧這時商店門口還停了輛靈車，於是大家想當然地認為少年被打死了。

由於在那個年代確實存在白人欺負非洲裔的事情，因此在一些人的腦子裡，前面發生的事情也一定是白人欺負非洲裔，並把人打死了，於是一些非洲裔就團結起來反抗，並且印製了大量的傳單。大家並沒有人分析這件事的真偽，就開始上街砸店，於是爆發了大規模的騷亂，員警怎麼也解釋不清。最後，他們只好找那個少年現身闢謠。但是少年因為怕有案底，在警察局留下的地址是假的，員警花了一晚上才找到他。等他現身闢謠時，已經有三人被打死、一百多人受傷，經濟損失巨大。

最後，有研究表明，謠言滿足了一些人的情感需求和社會需求，這一點不能否認。二戰期間，美國發現關於戰爭的謠言危害極大，於是就召集了專家研究謠言傳播的問題，並且成立了專門的機構闢謠。當時參與研究的心理學家羅伯特．納普在一九四四年發表了一篇重要的研究論文，全面闡述了謠言產生和傳播的原因，以及應對謠言的建議。納普發現，越是在動盪的年代，人們越是希望聽到對自己有利的消息，或者懼怕聽到對自己更加不利的消息。比如遇到股災時，大家會希望把不曾有的政府救市計畫當作事實來傳播；處於恐懼中時，很多人見風就是雨，會把中性的消息加油添醋後當作壞消息來傳播。這時，人們首先不是進行理性的思考，而是盲信或者恐懼。

為了證實納普的研究結論，《生活》雜誌在二戰期間對上述理論進行了檢驗。

他們在街上隨機找了一個陌生人，告訴他波士頓的煙囪可能藏有防空火炮，果然不久這個謠言就不脛而走，這反映出大家在時局極度緊張時需要安全感。

我曾經出於好奇，了解了一下周圍人在股市上虧錢的原因，幾乎無一例外地和聽信謠言有關。當覺得某一檔股票好的時候，關於它的任何消息，包括子虛烏有的事情，他們都會當作好消息來解讀。當覺得股市要進入熊市時，他們會相信各種傳聞，而且都會當作壞消息來解讀。雖然媒體上並不缺乏真實的消息，但是那些真實的消息對他們反而不起作用，這時，如果你告訴他們聽到的是謠言，他們還會對你產生敵對情緒。

辨別資訊真假的有效手段

避免謠言的危害是每一個人必須面對的問題，那麼我們該怎樣做呢？

解決這個問題要從社會和國家兩個層面分別入手。納普說，謠言就像魚雷，只要一發射，它就會自行前進，因此，謠言不會自動消失。另外，否認或者刪除謠言是沒有效果的。很多人覺得，只要封住謠言的傳播途徑就能夠解決問題，其實這種做法是徒勞的，甚至是有害的，因為謠言比真相更容易傳播。封住傳播的管道，阻擋的可能不是謠言，反而是真相。

首先在社會層面，有效對付謠言的方式就是提供針對那些謠言的真相。比如，有很多科普作家出版了科普圖書，在媒體上發布科普的文章或者相應的內容，這些其實就是從社會層面對抗謠言。美國在二戰期間設了所謂的「謠言診所」，收集社會上傳播的謠言，然後透過提供真實資訊進行闢謠，或者透過增加資訊的透明度增強民眾對於謠言的免疫力。當時這樣的診所有十幾家。大量的社會科學家、婦女團體、大學生主動參與了相關的工作，謠言診所成為平民直接幫助戰爭取得勝利的一個重要途徑。當時的《猶太退伍軍人期刊》（第十至十二卷）這樣描述他們的做法：「主動將謠言曝光，對其進行回覆、消毒，比讓它像毒藥一樣傳播和造成潰爛要好。」

其次在個人層面，理性思考是對付謠言最有效的手段。比如對於直銷，大家有截然相反的兩種態度。有的人別人怎麼騙都騙不了他，而有的人，你怎麼勸，他還是要相信直銷會產生奇蹟。前者因為能夠透過理性思考知道財富不可能憑空產生，而後者不具備這樣的能力，他們以為自己看到的、聽到的幻象代表了真實世界。大家不要以為學歷高的人就能識破直銷的把戲，我所知道的一些高學歷的人，甚至理工科的博士，也陷入了直銷的騙局。他們能夠識破簡單的龐氏騙局，但是稍微包裝一點騙術，就可能讓他們深信不疑。

最後，我談談自己的兩個做法，至少到目前為止，它們對於防範謠言很有效。

第一，對於經常傳播謠言，以及容易相信謠言的人，直接「一棒子打死」，不要聽他們說的任何話。在美國的法庭上有一個約定俗成的做法，就是撒過一次謊的人，他的證詞一定不被採納。有人可能會說，這一次他說的可能是事實啊。對不起，由於難以甄別他們所說的真偽，只好「一棒子打死」。對於容易相信謠言的人也是如此。我們身邊永遠有些容易相信謠言的人，他們不是壞人，甚至可以做朋友，但他們的話永遠不要聽。有人可能會覺得這樣就少了資訊來源，但**今天的世界上從來不缺乏資訊來源，接受被汙染過的資訊比沒有資訊更危險。**

第二，我們常說關心則亂，原本能夠理性思考的人，在涉及自身利益時，經常寧願相信有利於自己的謠言而不是事實。我有一位同學，當年在畢業推甄研究所時各種跡象表明他大概是沒有機會了，但是偏偏一些老師和同學不知出於什麼目的（可能是怕傷他的自尊心），流露出一切都還沒有確定的資訊。這種資訊毫無根據，和謠言差不多，但因為對他有利，他堅信不疑。結果，別人開始找工作，他卻不行動。等到沒有了指望，他也只能回老家自謀出路了。在投資領域，很多在大型投行工作了多年的投資人，到了金融危機時都挺不過來。雖然事後看他們其實不需要做什麼事情，熬過一兩年就好了，但是當他們看到自己的財富縮水三分之一時，就不淡定了，開始打探各種小道消息，想止住虧損，甚至想轉虧為盈，最後胡亂操作，讓原本只是臨時性的虧損成為永久無法挽回的損失。很多人有一個壞習慣，就是遇到麻煩事不直接面對並解決問題，而是立即去打探小道消息，結果原有的問題沒有解決，卻引出新的更大的麻煩。

在資訊時代，謠言一定會伴隨著有用的資訊，我們難免會受其傷害，但總需要想辦法把損失降到最小。最根本的做法就是讓自己生活在真實的世界裡，而不是虛幻的世界裡。

現實世界的複雜性

在虛幻的世界裡，我們通常都會把對我們不利的因素過濾掉，但真到了現實的世界裡，我們就不得不承認它的複雜性。換句話說，現實的世界是一個複雜的系統。針對這樣一個複雜的系統，就需要用系統性的思維方式看待世界、解決問題了。

我們先從系統的複雜性談起。

假如你在一棟飯店大樓裡要安裝一個 Wi-Fi，某些角落網路覆蓋得不好，你只要增加幾個 Wi-Fi 轉發器就好了。一棟樓裡的 Wi-Fi 網路是一個簡單系統。如果在一個城市裡，某一片居住區入托兒所難、上學難、就醫難，那可不是簡單蓋一些幼兒園、學校和醫院就能解決的問題，這裡面涉及一系列問題，很多問題可能一開始根本想不到。比如老師和醫生從哪裡來，蓋樓的土地如何挪出來。就算找來了醫生和老師，他們需要居住，也會增加那片居住區的居住壓力。另外，這些人上班、上學或就醫都會引起學校和醫院周圍的交通堵塞，這個問題如何解決。

二〇一八年，史丹佛大學的新醫院落成，我參加了落成儀式。在儀式上，負責專案的主管和我說了一些有趣的情況。比如房子的高度被嚴格限制，這倒不是因為成本考量和擔心地震，而是因為在矽谷中心地區已經相當擁擠了，而當地是無法拓寬道路的，蓋太高的房子會增加通勤壓力，周圍已有的居民和公司就會反對。即便是降低了樓層數，城市還要求醫院替每位員工購買通勤月票，讓工作人員盡可能搭乘大眾運輸工具上下班，而不要開私家車。

對比設置一棟房子的 Wi-Fi 網路和在一個城市建設周邊設施，大家就能體會到簡單系統和複雜系統的巨大差異。如果我們不僅要考慮建設，還要考慮在不使用時拆除，這兩類系統的差異就更大了。一個 Wi-Fi 如果不想要了，拿走就好，但是一所學校或者一間醫院一旦建好了，整個居住區的格局就改變了，想不要可不是一拆了事那麼簡單的。

接下來我們來看看簡單系統和複雜系統最大的不同點在哪裡。

簡單系統的特點就是整體等於部分之和。近代笛卡兒等人在研究方法論時有一個基本假設，就是整體等於部分之和。比如我們想要製造一輛家用汽車，就可以把它拆成外殼、載人的座椅、輪子、動力系統和傳動系統等模組，這些模組還可以進一步分解。我們把每一步設計出來按照要求做好，組裝回去基本上就是一輛汽車了。正是因為汽車有這樣的性質，在第二次工業革命時，奧斯摩比和福特才會想到用生產線的方式組裝汽車；只要將一堆零件扔進去，組裝出來的一定是汽車，而不會是拖拉機或者飛機。也正是因為汽車的這個特性，中國在幾十年前工業化剛剛起步時，一些小工廠就透過逆向工程的方式拆了一些汽車，然後依樣畫葫蘆做起來，也能生產汽車了。因此，雖然汽車看似很大，有上萬個零件，但因為它符合整體等於部分之和的特點，卻是一個簡單系統。作為簡單系統，汽車還有一個特性，就是它每一個零件所擁有的特殊功能不會隨著系統的改變而改變。比如輪胎，不可能說在大眾汽車上可以使用，到了同樣重量和大小的豐田汽車就無法使用了。因此汽車壞了一個零件，更換就可以接著使用。可以說，在整個工業時代，整體等於部分之和這個假設是基本成立的。

但是到第二次世界大戰之後，人們就發現很多系統不那麼簡單了，即整體不等於部分之和，我們難以透過了解每一部分的特性了解整體的特性，而且每一部分的特性似乎又會隨著整體特性的改變而改變。最典型的例子就是像螞蟻和蜜蜂這樣的社會，或者人體這樣的系統。

在一個螞蟻社會裡，絕大部分成員都是所謂的工蟻，此外還有一些兵蟻、一個蟻后和少量幫助蟻后繁殖的公蟻。牠們的智力很低，能力也很有限，但是牠們合在一起卻能構成一個非常複雜的社會，一同做成很多的大事。我們無法透過研究一隻螞蟻獲得對於整個蟻群的知識，也就是說，我們無法簡單地按照整體等於部分之和的思路來認識螞蟻社會。同樣，蜜蜂的世界也是一個複雜的系統，其所具有的智力和能力，不是每一隻蜜蜂智力和能力的總和。

我們人體本身也是一個複雜的系統。我們知道人體和任何生物體一樣，都是由細胞構成的，不同的細胞形成不同的組織，各種組織形成器官，器官構成了我們的人體。這種組成方式看似符合整體等於部分之和的特點，但是，近代生物學和生理學的研究表明，一方面，人體作為一個完整的系統，每個部分都有多重功能。比如手本身的功能是勞動，可以拿東西、搬東西，攻擊敵人保衛自己，這是手單獨的功能。但是手和大腦結合在一起，還可以作為交流的工具，比如我們會用手打招呼，在不便說話的時候打手勢，而聾啞人則靠手語代替發音的語言。另外在社交場合，可以透過手的接觸傳遞信任和友愛的訊息。另一方面，我們也難以透過每一個細胞的功能，來了解人體各器官整體的工作方式。比如我們無法透過單獨腦細胞的生理反應得知大腦是如何運作的。也就是說，人體是一個複雜的整體，它的機能無法透過簡單了解每一個局部的功能弄清楚。

既然真實世界裡有很多複雜系統，這就要求我們要用系統的方法來看待世界，否則我們在做事情的時候，好的初衷經常會帶來壞的結果。二〇二二年，英國女首相特拉斯成為這個國家憲政制度幾百年來最短命的首相，她從宣布就職到宣布辭職只有四十五天的時間。究其原因，就是她制定的一項政策的失誤。她原本希望透過減稅刺激經濟，但是沒有考慮到稅收在短期內的驟降會讓債務上升，從而導致英鎊迅速貶值，從企業家到老百姓的利益都遭受了全面損失。這其實就是沒有用系統的眼光看待一個經濟體的結果。

學會用系統思維看問題

用系統的眼光看待世界，關鍵是要了解系統的整體性和關聯性，讓系統做到整體大於部分之和，而不是小於部分之和。我們不妨比較一下當年雷根的減稅方案和上一節提到的特拉斯的減稅方案，就能體會為什麼有些時候整體會大於部分之和，有些時候則會小於部分之和。

一九八一年，美國總統雷根上台後，啟動了美國當時歷史上最大的減稅方案。他在當政的八年間，把個人收入所得稅中的最高稅率從七十三％降到了二十八％。照理講，有人獲益就有人虧損，但是雷根讓幾乎所有人都受益了。由於大家收入增加了，國家的稅收並沒有明顯下降，同時伴隨著削減了不必要的政府支出，國家的財務狀況也有所好轉。雷根當時能這麼做，首先是因為美元的匯率（相比日元和德國馬克）處於歷史高位，不怕貶值，貶值反而對它的出口有利；其次，當時美國的債務並不高，也不怕短期稅收減少過分推高債務；最後，當時美國政府不必要的支出太多，有很大的削減空間。也就是說，從局部上看，雷根減稅會讓美國的稅收下降，但是從系統的角度看，整體的淨收益是大於零的。

特拉斯所面臨的情況則不同。二〇二二年因為受到前面兩年多新冠肺炎疫情的影響，老百姓的口袋裡已經沒有什麼錢了，英國的經濟也處於很虛弱的狀態，英鎊對美元已經貶到了歷史低點。這就如同一個長期患病的病人需要慢慢療養，這時來一劑猛藥，對於局部（也就是一些企業）具有修復作用，但是對於整體卻是損害。

要做到整體大於部分之和，就必須考慮各部分之間的相關性。你經常看到這樣一個現象，一些喜歡職業球隊的超級富豪在買入一支球隊後，會大手筆地購買球星，但是那些球隊的成績卻沒有提升，甚至還下降了。事實上，當球隊引入一名主力隊員後，原來的戰術就可能受影響，有可能往好的方向變化，但更可能往壞的方向變化，因為受影響的人太多。相反地，好的球隊經理都知道，要透過在各個位置找到最合適，而非個人技術最突出，更非價格最高的球員，才能提高整支球隊的成績。

在任何一個複雜的系統中，各個部分之間多多少少都有一些關聯，所以我們不能單獨考慮一個部分而不顧及其他部分。但是這樣一來，各部分關聯起來的可能性特別多，我們就無法弄清楚，即便真的弄清楚了，我們也難以改進。比如一個系統有五個相關聯的部分，如果每一個部分有十種變化的可能性，我們單獨考慮它們，只有 10×5＝50 種可能性，但是如果我們認為它們都是相互關聯、不可分割的，就有 10×10×10×10×10＝100000 種可能性，這樣我們就很難弄清楚了。

因此，對於一個複雜系統，我們需要搞清楚哪些部分的關聯性緊密，哪些相對較小。對於前者，我們不得不把所有相關聯的部分一同考慮；對於後者，我們就要單獨處理，盡可能地做簡化。在上面的例子中，假如第一、二部分相關聯，第三、四、五部分相關聯，這前後兩組彼此關聯較少，我們就應該把它分為兩個獨立的部分來考慮。我們只要考慮 10×10+10×10×10＝1100 種可能性就可以了，這樣就減少了九十九%的工作量。當然，哪些相關的因素需要一起考慮，哪些可以拆開，則和具體問題有關了，而發現它們則屬於藝術。通常人們在一個領域工作的時間久了，就能慢慢掌握其中的藝術。不過，有的人會把所有的部分分開來考慮，這顯然是簡單粗暴的做法。很多時候不顧及系統的關聯性，引起的問題會比解決的問題還要多。

還有的人總是把一個問題中所有的因素混在一起考慮，完全理不清頭緒，於是便無法著手解決問題。要避免成為這兩種人，就需要在工作和生活中培養系統性的思維方式，慢慢學會在維持系統整體性的同時拆解問題。

在系統性思維中，一個重要的方法是反覆運算思想。

由於解決複雜系統性問題的難度很高，很多時候我們無法一次性解決所有問題，而是需要不斷反覆運算分步驟逐漸解決。這種工作方法，和一開始就做好了頂層設計，然後按部就班地執行有非常大的差異。在工業時代，很多產品是先設計，再製造，一步完成。雖然這中間需要一些實驗，但是基本的過程是確定的，比如一種汽車定型之後不會被天天修改。但是在資訊時代，很多複雜的問題需要透過反覆運算的方式逐步解決，比如今天大部分資訊科技公司都是這麼工作的。

任何有效的反覆運算需要兩個基本條件，即確定的目標和能夠不斷獲得的回饋資訊，在此基礎上，才能夠根據回饋資訊進行調整，慢慢接近目標。為了確保每一次反覆運算都有所進步，不僅事先設定的目標需要非常清晰，而且每一次改進之後離目標還有多大的距離也需要能夠量化衡量。只要不斷獲得回饋，向著目標調整下一次改進的方向，就能讓整個系統不斷進化，而且變得越來越好。

當然，完成每一次反覆運算是需要付出成本的，否則不會有進步。比如一個組織想要進步就需要投入資金，引進人才；一個生命體要進化就需要有能量的輸入；一個國家想要調整經濟結構也需要有財政政策的支援。我們通常把從外界獲得的有益輸入看成負熵。我們知道，熵會讓系統變得越來越無序，而引入負熵可以讓系統更加有序、更加完善。

最後，我們談談開放性系統和封閉性系統。

有些系統，能夠主動接受外來的輸入，這些系統被稱為開放性系統。通常，一個開放性系統只要確定目標，就能夠自我組織、自我管理、自我進化。自然界和人類社會其實都是開放性系統，比如我們前面講到的螞蟻社會，就是一個自我組織起來的開放性系統。它不是靠蟻后的智慧進行管理的，而是首先有一個設定好的目標函數，即基因的傳承，其次因其開放性，從自然界獲得能量，最後形成了自我組織、自我管理。經過一代又一代地反覆運算，到今天蟻群就顯得特別有智慧。很多優秀的企業也是如此，只要把目標設定好，比如把大家的責權利說清楚，各部門就會主動開拓市場、開發新品，並且在工作中相互配合。但如果目標沒有設定好，比如老闆要把所有的利潤拿走，這件事就辦不到。

和開放性系統不同的是封閉性系統，即完全是內部循環的系統，固有的問題通常是不會自動解決的，它們每一次反覆運算都是朝著熵增的方向發展的，最後的結果是退化而不是進化，比如中國古代的各個王朝就是如此。我們今天經常用「內捲」或者「內鬥」來形容封閉性系統的問題，這種比喻確實很形象。

系統論是現代社會中一個非常有用的工具，它為我們帶來了看待世界、解決問題的新方法，特別是解決複雜問題的新方法。首先，我們要承認存在複雜系統，知道透過總體最佳化有可能做到整體大於部分之和，而局部最佳化的結果經常是得不償失。其次，我們需要對一個複雜系統的內部有所了解，要盡可能地將不相關的部分分解，同時又要保持那些緊耦合部分的相關性。對於很多複雜系統，我們不能指望問題一次性得到解決，也不能期望做一次完美的設計解決所有的問題，而要透過反覆運算進步的方式解決系統問題。最後，要盡可能地建構開放的、能夠自我進化的系統，而不是封閉的系統。

奧卡姆剃刀原則：簡單成就高效

面對複雜問題，人們經常會試圖用複雜方法去解決，彷彿問題複雜，答案也一定複雜。然而事實上，很多複雜問題反而要用簡單的方法去解決，這就是奧卡姆剃刀原則，又被稱為簡約原則。

奧卡姆剃刀原則今天經常見諸媒體，它最初是由英國十四世紀方濟各會的修士奧卡姆的威廉提出的邏輯學法則。根據這個原則，如果有許多組前提假設，每一組都能得出同樣的邏輯推理，那麼應該挑選其中使用假設條件最少的一組。後來這個原則因為被牛頓不斷提及並使用，在哲學界和自然科學界變得盡人皆知。牛頓在《自然哲學的數學原理》第三卷中開篇就寫道：「我們需要承認，自然事物各種現象真實而有效的原因，除了它自身以外再無須其他，所以，對於同樣的自然現象，我們必須盡可能地歸於同一原因。」這被看成奧卡姆剃刀原則在科學上的表述。

世界本來就很簡單

奧卡姆剃刀原則是符合我們這個世界的本質的。雖然我們的世界看上去非常複雜，但是背後的機理經常很簡單。比如，浩瀚無邊、豐富多彩的宇宙，其實背後就是四種作用力相互作用的結果，這四種作用力分別是我們所熟知的萬有引力（也就是重力）和電磁力，以及我們不太熟悉的強核力和弱核力。它們按照一定的比例存在，然後用很小的基本粒子構成如此複雜的世界。

牛頓意識到世界的簡單性是有原因的。在他之前，克卜勒提出了行星運動的三個定律，用幾個簡單的公式終結了人類持續了上千年的地心說和日心說之爭，而這兩個學說其實都相當複雜。

人類關於到底是太陽圍繞地球轉還是地球圍繞太陽轉的爭議由來已久，可以上溯到古希臘時期。比如當時阿里斯塔克就提出了日心說模型，另外阿基米德建構的宇宙模型雖然被羅馬士兵毀壞了，但是根據當時的描述也應該是有關日心說的。只不過地心說更符合人們的經驗，而且經過托勒密精確地描述，它能夠和當時觀察到的所有天文數據相符，因此總的來說地心說更加深入人心。雖然托勒密是生活在西元二世紀的人，但是他的模型非常精確，以至一千多年後哥白尼的日心說模型還比不上他的。不過，托勒密的模型太過複雜，需要用幾十個圓相互嵌套才能把行星運行的軌跡描述清楚，因此幾乎沒有可以改進的空間。當這個精確的模型用了一千多年後，它所造成的累積誤差已經讓節氣差出了十天，以至格里高利十三世不得不從日曆上刪除了這十天。哥白尼的日心說模型最初只是採用一種簡化的方式來描述行星運動。當他把太陽放在中間來建造模型時，模型就從幾十個圓簡化成了十幾個圓。不過，哥白尼的日心說模型雖然簡單卻很不精確，這是由於行星圍繞太陽運動的軌跡是橢圓，而不是正圓。

到了克卜勒的時代，他大膽地提出了一個非常簡單的模型，即行星圍繞太陽運動的軌跡是橢圓。這個假設和人們的直覺是有偏差的，因為我們在生活中幾乎沒有見過什麼物體做橢圓運動，以至像伽利略這樣的大科學家都難以接受克卜勒對天體運動的解釋。但是克卜勒的假設卻是對的。克卜勒模型最大的優點是它的簡單性，只要用一個橢圓就可以把過去幾十個圓描述不清楚的行星運動規律講清楚，而且這個模型還非常準確。

不過，克卜勒畢竟不是數學家，也不是物理學家，他無法解釋自己的模型，於是這個任務就交給了牛頓。牛頓透過提出力學的三個基本定律，透過他所發明的微積分，用形式上同樣簡單的萬有引力定律解釋了為什麼克卜勒簡單的模型是對的。牛頓因此向世人展示，世界的規律在形式上很簡單，如果弄出了非常複雜的理論，有很大的機率是走錯了路。

用簡單方法解決複雜問題

奧卡姆剃刀原則不僅是我們對世界的看法，也是我們該有的做事情的方法，簡而言之，就是要盡可能用簡單的方法解決複雜問題。我們不妨透過早期電腦發展的歷史來看一下，為什麼複雜問題需要用簡單的方法來解決。

從兩千年前開始，人類就試圖讓機械裝置幫助自己解決計算的問題，比如算盤和星圖模型就是為了這個目的發明出來的。但它們都不能算是自動計算的工具，它們需要人的干預才能工作。一六四二年，法國數學家帕斯卡發明了一種能自動計算加減法的計算器，這種計算器非常簡單。此後，大數學家萊布尼茲花了四十年時間改進了計算器，發明了能做乘除法和乘方的計算器，這種計算器就複雜很多了。此後，人類不斷改進計算器，隨著它們的功能越來越強大，計算器本身也越來越複雜。

到十九世紀，機械工業的發展需要進行大量複雜的計算，比如三角函數的計算、指數和對數的計算等。進行這些計算，就要用到微積分了，但是利用微積分解決上述問題，計算量極大，而且當時除了數學家，一般人是完成不了那些計算的。為了便於工程師在工程中和設計時完成各種計算，數學家設計了數學用表，這樣工程師就可以從用表中直接查出計算的結果。

不過，用手算出來的數學用表錯誤百出，替生產和科學研究帶來了很多麻煩。為了解決這個問題，英國科學家巴貝奇就想到設計一種能夠計算微積分的電腦：差分機，然後用它來計算各種函數值，得到一份可靠的數學用表，這樣全世界都能用正確的數學結果來解決問題。

巴貝奇花了十年時間，造出了一台有六位元精度的小型差分電腦。隨後巴貝奇用它算出好幾種函數表，用於解決航海、機械和天文方面的計算問題。但是，六位元精度並不能滿足當時很多工業製造的要求，於是巴貝奇打算再做一個高精度的、二十位元的差分電腦。

但是，巴貝奇努力了一輩子，花光了自己的錢（他繼承了大約十萬英鎊）和英國政府的資助（一萬七千英鎊），也沒有完成這項工作。當時拜倫的女兒愛達也參加了這項工作，她和巴貝奇一樣投入了巨額的財產和一輩子的時間。巴貝奇和愛達失敗的原因一方面是因為他們設計的那台差分機太複雜了，裡面有包括上萬個齒輪在內的二萬五千個零件，而且當時的加工精度也達不到要求。但更本質的原因是，巴貝奇並沒有真正理解計算的原理，他不懂得複雜的計算無法透過把機器做得更加複雜來完成，而是要用簡單的計算單位來實現。

半個多世紀後，一位叫楚澤的德國工程師，在資金更加缺乏的情況下，居然一個人製造出一台可以程式設計的、能夠進行包括差分在內各種複雜計算的電腦。楚澤成功的原因在於，他不自覺地採用了奧卡姆剃刀原則，他用簡單的二進位計算來解決相對複雜的十進位計算問題。而對於二進位的計算，他從英國數學家布林的論文中得到了啟發，採用了很多簡單的模組來實現各種二進位計算。幾乎就在同一時間，夏農證實了所有複雜的計算都是用非常簡單的模組實現的，而圖靈則提出了實現這些運算的通用方法。直到今天，雖然電腦功能強大，其實在原理上並不複雜。但是，也正是因為它在原理上不複雜，很多外行和「半瓶子醋」的電腦從業者，就覺得自己能夠透過把電腦做得更複雜實現更多功能，這又走錯了路，因為他們違背了奧卡姆剃刀原則。

不僅在科技上奧卡姆剃刀原則是金科玉律，在人類的經濟活動以及社會活動中也是如此。**很多現象背後的原因並不複雜，如果我們需要透過很複雜的原因才能解釋一件事情，那麼我們通常找錯了原因、搞錯了方向。**

比如，二〇二〇年全球新冠肺炎疫情期間，美聯儲進行了量化寬鬆，其實原因很簡單，大家被封在家裡無法上班，無論是低收入者還是中小企業都需要救助。但是，總有人會找一些非常複雜而牽強的理由來解釋這個原本很簡單的邏輯，比如有人認為美國透過發行貨幣把世界的錢抽乾，然後虛構出一個看似合理的證據鏈。但事實上，由於當時美國超發了貨幣，美元嚴重貶值，美國的整體財富並沒有增加，更不要說把全世界的錢抽乾了。等到二〇二二年，美國因為連續兩年超發貨幣造成了通貨膨脹，美聯儲開始透過升息的方式減少貨幣供應，抑制通貨膨脹，這裡面的因果關係也很簡單。但是，又有人覺得這是美國吸收世界各國存款的方式。其實透過升息對抗通貨膨脹是美聯儲早就多次採用的方法，沒有那麼多複雜的原因。至於一些國家的熱錢流向美國，那就是為了套利，屬於資本的基本屬性，而不是像很多人以為的那樣有什麼陰謀。事實上，美聯儲升息也是沒有辦法的辦法，它帶來了一個嚴重的負面影響，就是經濟發展放緩，很多大公司利潤減少。稍微具有一些理性頭腦的人都會明白，美聯儲做量化寬鬆和量化緊縮這兩個截然相反的動作，不可能抽乾全世界的財富。**可見，過度解讀很多現象就會找到錯誤的原因，得到錯誤的結論，最後損失的是自己。**

識破陰謀論的武器

今天，世界上資訊超載，很多資訊是不準確的、自相矛盾的。任何人在接收資訊做判斷之前，用奧卡姆剃刀原則過濾一下準確性，就能變得聰明和智慧一些。但是，世界上總有一些人喜歡把問題往複雜想，覺得越複雜的理由越合理，甚至一些人會相信最複雜、最不合理的陰謀論，這樣的人占人口的比例遠超我們的想像。

在二〇二〇年新冠肺炎疫情期間，比爾·蓋茲在對抗疫情方面表現非常積極，但是這也讓他成為歐美陰謀論攻擊的目標。當時有個常見的版本是，新冠病毒就是比爾·蓋茲製造的，目的是實現對人類的大規模控制。他們認為，蓋茲透過研發疫苗，趁機把微型晶片注入美國人的體內，監視人們的一舉一動。《紐約每日新聞》之後還做了一個民調，發現美國有超過一〇%的人表示堅決不會使用比爾·蓋茲投資研發的疫苗，因為他們擔心被植入微型晶片。在歐洲，很多反疫苗的人也相信這一類的說法。

不僅是美國人和歐洲人，世界各國都有很多人會相信各種不可靠的陰謀論。這些陰謀論的核心命題都差不多，無外乎我們的生活被少數神祕的力量控制了，比如美聯儲的陰謀、共濟會的陰謀、猶太人的陰謀，當然還有像蓋茲這樣富豪的陰謀。每當世界上出現流行性疾病、經濟衰退、戰爭、恐怖襲擊等災難性事件時，就會有人虛構一些神祕的力量，然後再構造一個很長的邏輯關係鏈，讓人不容易在邏輯上駁倒他們，然後相信他們。其實，那些災難都是由一些很直接的原因造成的。

和陰謀論類似，今天很多人還喜歡編造所謂「下一盤大棋」的說法。明明把事情搞砸了，卻總會有人出來說那是在「下一盤大棋」。但是那些「大棋」的結果最終也沒有發生，而在此之前，會有無數人相信「大棋」的存在，並且以後還會相信。

相信這些陰謀論或者所謂的「大棋」有什麼危害呢？對國家而言，它可以傷害一個群體甚至破壞社會秩序；對個人而言，它可以讓人們失去對他人的信任，同時對真正的危險疏於防範，甚至淪為散布陰謀論者的工具。

無論是陰謀論還是「大棋」，大部分人很難從邏輯上駁倒它們，因為它們通常無可證偽。而識破陰謀論最好的武器就是奧卡姆剃刀原則，只要不符合這個原則的理由，通常都站不住腳。

因此，奧卡姆剃刀原則不僅是我們這個世界的一個規律，也應該是我們做事的方法，以及我們判斷是非的原則。符合奧卡姆剃刀原則的原因經常是真實的，那些複雜的陰謀論則是幻象。

本章小結

準確判斷世界的真實性，是人們一輩子要學習的課程。人只有當自己能夠認清現實、真正面對現實時，才可能解決生活中的所有難題，獲得自己想要的生活。在現實世界中，人先要學習謀生的技能，逐漸掌握解決複雜問題的方法，但需要記住的是，複雜問題通常需要用簡單的方法來解決。

高寶書版集團
gobooks.com.tw

RI 384
富足：吳軍博士教你用 6 大底層邏輯，認清世界的運作法則，成就理想人生
作　　者　吳　軍
責任編輯　林子鈺
封面設計　林政嘉
內頁排版　賴姵均
企　　劃　鍾惠鈞

發 行 人　朱凱蕾
出　　版　英屬維京群島商高寶國際有限公司台灣分公司
　　　　　Global Group Holdings, Ltd.
地　　址　台北市內湖區洲子街 88 號 3 樓
網　　址　gobooks.com.tw
電　　話　（02）27992788
電　　郵　readers@gobooks.com.tw（讀者服務部）
傳　　真　出版部（02）27990909　行銷部（02）27993088
郵政劃撥　19394552
戶　　名　英屬維京群島商高寶國際有限公司台灣分公司
發　　行　英屬維京群島商高寶國際有限公司台灣分公司
法律顧問　永然聯合法律事務所
初版日期　2024 年 03 月

國家圖書館出版品預行編目（CIP）資料

富足：吳軍博士教你用 6 大底層邏輯，認清世界的運作法則，成就理想人生 / 吳軍著 . -- 初版 . -- 臺北市：英屬維京群島商高寶國際有限公司臺灣分公司 , 2024.03
　面；　公分 .--（致富館；RI 384）

ISBN 978-986-506-948-3（平裝）

1.CST: 生活指導　2.CST: 成功法　3.CST: 人生哲學

177.2　　113003391